＼お料理作ったよ！シール／

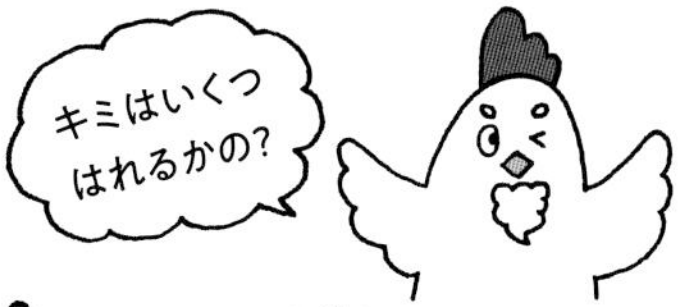
キミはいくつ
はれるかの？

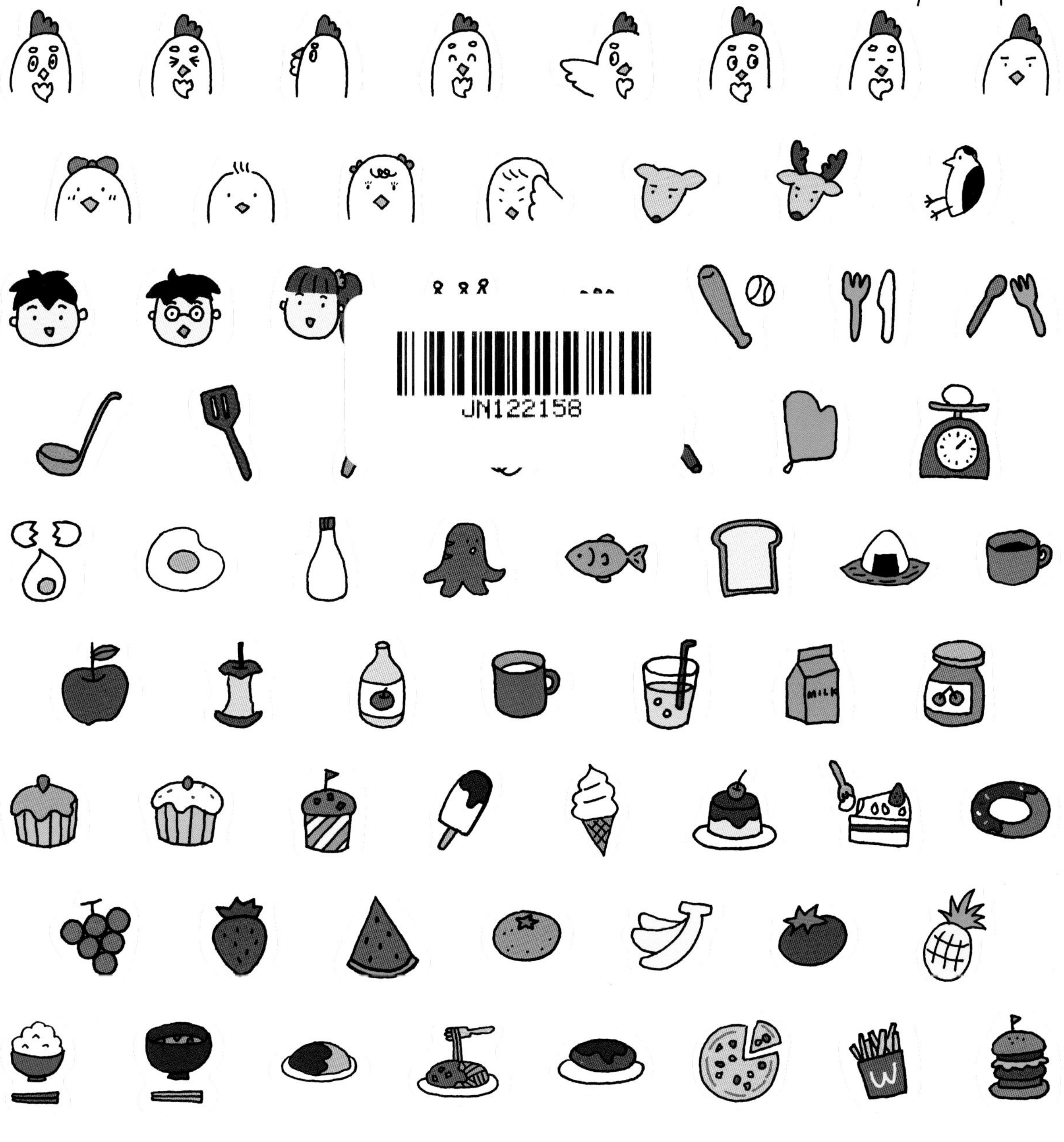
MILK

はじめに

料理の本って、どれも大人向き。
油をフライパンにひく。「どれぐらい？」
玉ねぎはみじん切りに。「やりたくない～」
大人の当たり前は、子どもにとっては当たり前じゃない！
だから、小学生の気持ちになって考えた結果…この本がうまれました。
ページを開いて食べたい！と思ったら、料理にチャレンジするチャンス！
気をつけながら、でもこわがらず自分でやってみる。
「できた！」の積み重ねが、キミをどんどん強くしてくれるはず！

料理のもくじ

みんなは、ふだんおうちで料理のお手伝いしてるかの?
いきなりじゃが…
料理にくわしいナゾのトリ
カトリーヌ先生
昆虫大好き!ゲーム大好き!なこの本の主人公。小学5年生
えー?
はると
物知りなおさななじみ
うーん
たけじ
もちろんよ
しっかり者のクラスメイト
なな
てゆーか
ぼくはゲームしたりマンガ読んだりしていそがしいからー
めんどくさいしー
お母さんが作ってくれるしー
マンガ
ぼくは化学の勉強にしか興味がないので…
先日は電池の実験を…
野菜の皮をむいたり、卵まぜたり、ママに言われたことをしてるわ!
えらいでしょ?
ふむふむ…
そうか・・・ならば、
キミたちにコレをさずける!!
キラーン
うーん
ぽこーん
ぱかーん
秘
スチャッ…
めんどりなの?
なにか出てきたわ
ざわざわ

秘伝の書じゃよ…
この本は、マンガのように料理の作り方が書いてあって…
秘
マンガだ！
わかりやすい！
みじん切りやむずかしいことは、ナシ！
だけど味は本格的！
しかも
料理は化学の宝庫なんじゃよ～
な、なんと！
料理が作れたら、きっといいことあるぞ～！
天才に!?
おこづかいアップ!?
モテる!?
これこれ…
「家族の笑顔」、それが一番のごほうびじゃ！
あと、お母さんのカミナリもへるかものぉ…
ぼくにもできそうな気がしてきた！
はっ
クッキング…
…ッキング…
キング‼
よ～し！
ひとりでごはんが作れる“キング”目指して料理にチャレンジだ！
ぼくキング
なるほど！その称号いただきます！
わたしはクイーンになるわ！
つぎの「やくそく」もよむのじゃ！

たのしく安全に料理をするための やくそく

安全第一じゃぞ〜!

どの料理を作るか、大人に相談する！

料理がはじめての子は、まずおうちの人と一緒に、
包丁やピーラーなどの道具を使う練習から。
わからないことや、できないことは教えてもらってから、
自分のレベルに合ったレシピで作ってみよう。

手を洗う

ツメは切っておこう

高さを合わせる

おうちの人に、つかれにくく作業しやすい高さにしてもらおう

安全面に気をつける

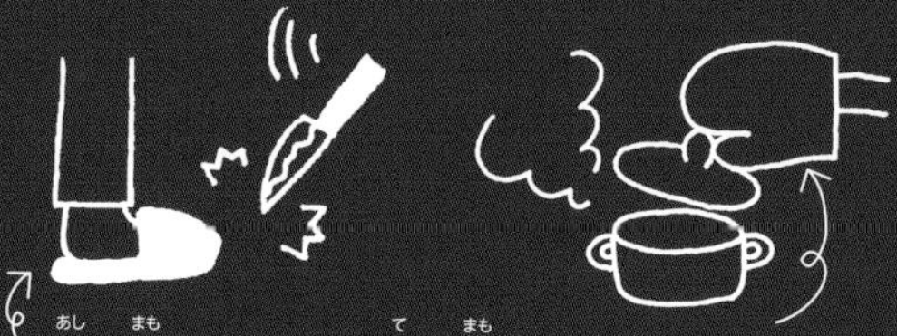

足を守るスリッパ、手を守るなべつかみをつかって、ケガに注意しよう

ココ重要 火を使うときは、大人と一緒に！

火を使うときはなるべくはなれない！

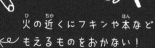

ながいかみはむすんで、そでがジャマにならないように

火の近くにフキンや本などもえるものをおかない！

火事注意

全身毛のもえやすいわしって…一番
キケンじゃー！
はっ！

この本に出てくる 道具の使い方

便利グッズを使うと、もっと楽しくなる！

ガラス製・耐熱ボウル＆容器

電子レンジで使えるボウルや器のこと。「耐熱」とは、決まった範囲の高い温度でも耐えられるってことだよ。お家の人に、どの器が耐熱か確認してね。

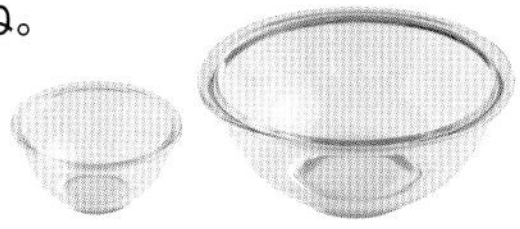

計量カップ

平らなところに置き、真横から見て、目盛りに量を合わせてね。
※日本の料理レシピに書いてある「1カップ」とは200mlのこと。

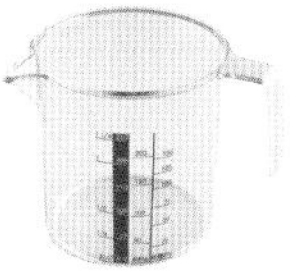

上から見て量るタイプだとラクチン！

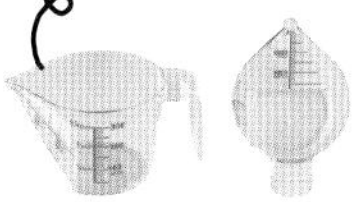

耐熱性フードコンテナー

電子レンジでの調理は、容器の大きさで失敗することもあるよ。この本では、縦横15.6cm・正方形のフードコンテナーを使ったよ。参考にしてね。

P18のオープンオムレツで使用した700mlタイプ

P14のカルボナーラで使用した1100mlタイプ

計量スプーン

計量スプーンの大さじ1は15ml、小さじ1は5mlだよ。量り方は下の表のイラストを参考にしてね。

大さじ1＝15ml

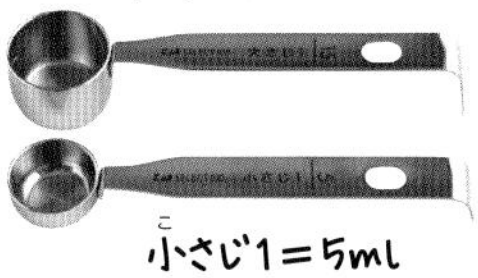

小さじ1＝5ml

カップタイプもあるよ。こぼれにくいのでオススメ！大さじ3まで一度に量れるよ

計量スプーンの量り方		大さじ1の量り方	大さじ1/2の量り方
	しょうゆ・水などの **液体**	 ギリギリこぼれないぐらいまで入れて、表面がふくらんでいるぐらい	 半分より少し上になるぐらい
	さとう・コンソメなどの **粉もの**	 山盛り入れてから、他のスプーンの柄やヘラですり切って、平らにしたぐらい	 まず大さじ1を量ってから、スプーンなどで半分ぐらいにする

この本の使い方

作ったよシール

おうちの人と一緒に作ったら上の段に、ひとりで作れたら下の段に、「お料理作ったよ! シール」をはろう。最初からひとりで作れたら、1回目を上に、2回目を下にはってもいいね。

作った日

料理を作った日を記入しておこう。

料理の名前

料理のレベル

レベル1…工程が少なく、初心者向け
レベル2…切る・焼くなど、少しレベルアップ
レベル3…工程が多く、少しだけ上級者向け

使う道具

まず道具を全てそろえてから、スタートしよう! 用意できたら、□にチェックするとわかりやすいね。

フライパン

フライパンは料理によって、大きさを使い分けているよ。調理中は、取っ手をしっかり持って作業してね。

ここは
あついよ!
持つところ

この本で使ったサイズ

フライパン(大)…26cm
フライパン(中)…24cm
フライパン(小)…20cm

レベル 2
煮込んだ分だけ、ほろほろに!
手羽元のさっぱり煮

作った日　年　月　日　おうちの人と
作った日　年　月　日　ひとりで

お酢には お肉をやわらかくする 効果があるのです

使う道具
□まな板 □包丁
□耐熱ボウル
□食品用ラップフィルム
□電子レンジ □計量カップ
□計量スプーン
□キッチンペーパー
□なべ □なべのフタ
□トングか、さいばし

材料(2~3人分)
とり手羽元・10本ほど
ブロッコリー・半分
水・大さじ1
A
水・100ml
しょうゆ、酢・70ml
さとう・大さじ3
ニンニク、しょうが(チューブ)・各約4cm

32

材料(出来上がりの目安)

料理に使う食材や調味料が家にあるか、確認しよう。

お肉のグラム数はココをチェック!

ニンニクとしょうが

かんたんレシピにするために、チューブタイプを使っているよ。生のニンニクを使う時は、おうちの人に聞いて、芽を取りのぞいて使ってね。

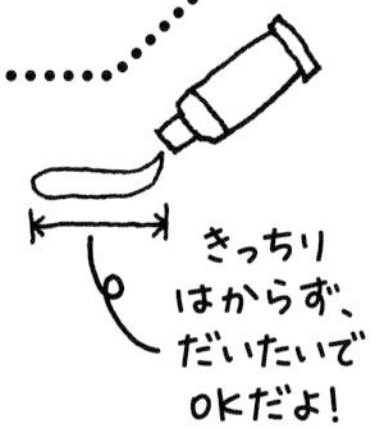

きっちりはからず、だいたいでOKだよ!

注意 野菜を切る前に!

野菜は水で洗ってから使おう。じゃがいもやさつまいもは、水を入れたボウルの中でたわしでゴシゴシ洗い、土を落としてから使ってね。

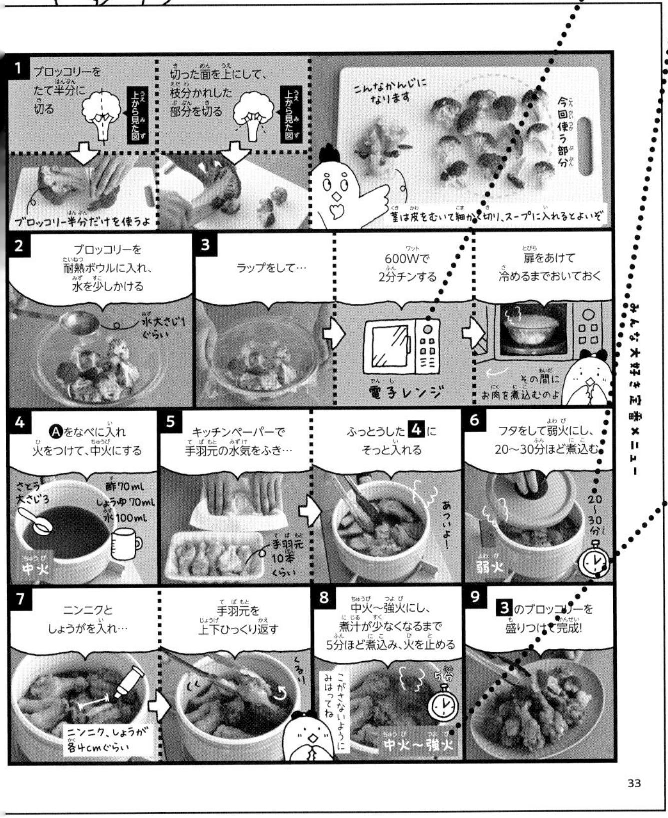
1 ブロッコリーを たて半分に 切る
上から見た図
切った面を上にして、枝分かれした部分を切る
上から見た図
こんなかんじになります
今回使う部分
ブロッコリー半分だけを使うよ
茎は皮をむいて細かく切り、スープに入れるとよいぞ
2 ブロッコリーを 耐熱ボウルに入れ、水を少しかける
水大さじ1ぐらい
3 ラップをして…
600Wで 2分チンする
電子レンジ
扉をあけて 冷めるまでおいておく
その間にお肉を煮込むのよ
4 Ⓐをなべに入れ 火をつけて、中火にする
さとう大さじ3
酢70mL
しょうゆ70mL
水100mL
中火
5 キッチンペーパーで 手羽元の水気をふき…
手羽元10本くらい
ふっとうした 4 に そっと入れる
あつっよ!
6 フタをして弱火にし、20〜30分ほど煮込む
20〜30分
弱火
7 ニンニクと しょうがを入れ…
ニンニク、しょうが 各4cmぐらい
手羽元を 上下ひっくり返す
くるっ
8 中火〜強火にし、煮汁が少なくなるまで 5分ほど煮込み、火を止める
こがさないようにみはってね
5分
中火〜強火
9 3 のブロッコリーを 盛りつけて完成!
みんな大好き定番メニュー
33

電子レンジ

600W(ワット)で温める場合の時間が書いてあるよ。電子レンジによって温める強さが違うので、固い場合はさらに30秒温めてみよう。

焼き&煮込み時間

フライパンで焼いたり、なべで煮込む時の目安にしてね。キッチンタイマーを使うと安心。

油

油を計量スプーンではかると、洗うのが少しめんどう。そんな時は、写真を参考にして油をひけばOK! 「これぐらいかな〜」で大丈夫。

だいたいこれぐらい

火加減

弱火

なべの底に炎が当たらない状態。じっくり煮込む時に使うよ。

中火

なべの底に炎が軽く当たった状態。火を使う時は中火からスタートしよう。

強火

なべの底に炎がしっかり当たっている状態。焦げやすいので注意!

※IHの場合はメーカーによって違うので、おうちの人に確認してね。

塩、こしょうの「少し」ってどれぐらい?

「少し」は、「指でひとつまみ」ぐらい。全体にかかるように、2〜3回ぐらいふればOKだよ。

別々も
塩
こしょう
一緒も
塩こしょう
2〜3回ぐらい
パッパッパ

番外編1　基本の和食からはじめよう!

ごはんとみそ汁

かつおぶしでだしを取った
おいしいみそ汁を手軽に作る
裏ワザを紹介するぞ!

ごはん

使う道具

□ボウル □計量カップ
□ざる □炊飯器
□しゃもじ

材料（4人分）

□白米・2合
お米用計量カップの2カップ分
(1カップ=180ml)

□水・炊飯器の
2の目盛りまで

豆腐とわかめのみそ汁

使う道具

□なべ □計量カップ
□なべに入るざる
□おたま □計量スプーン

材料（4人分）

□水・900ml
□かつおぶし・大きくひとつかみ
□豆腐・小1パック（150g）
□乾燥わかめ・大さじ1
□みそ・大さじ3

ごはんと、
みそ汁があれば、
しあわせなの。

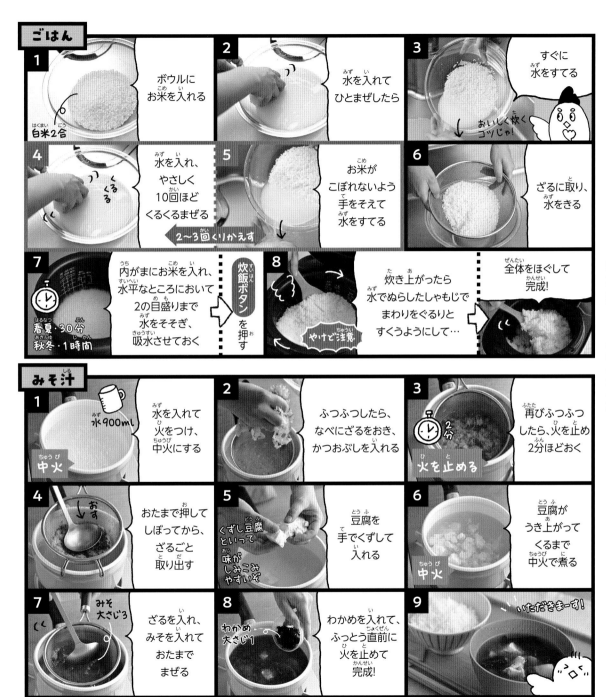

ごはん

1
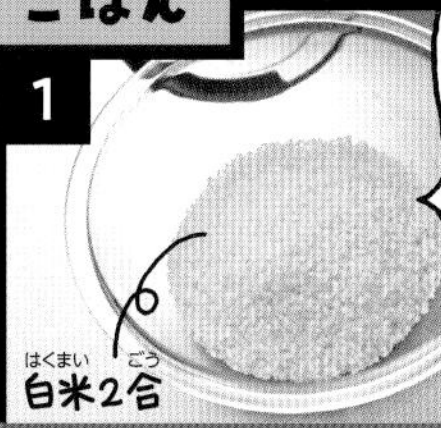
白米2合
ボウルに
お米を入れる

2

水を入れて
ひとまぜしたら

3
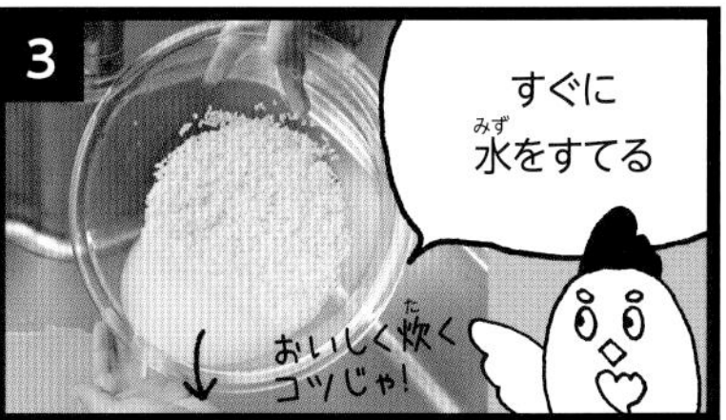
おいしく炊く
コツじゃ!
すぐに
水をすてる

4
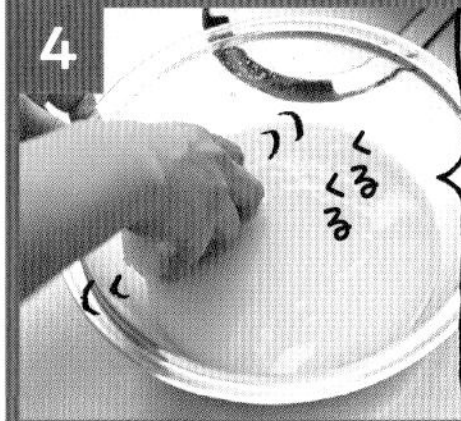

水を入れ、
やさしく
10回ほど
くるくるまぜる

5

お米が
こぼれないよう
手をそえて
水をすてる

2〜3回くりかえす

6

ざるに取り、
水をきる

7

春夏・30分
秋冬・1時間
内がまにお米を入れ、
水平なところにおいて
2の目盛りまで
水をそそぎ、
吸水させておく

炊飯ボタンを押す

8
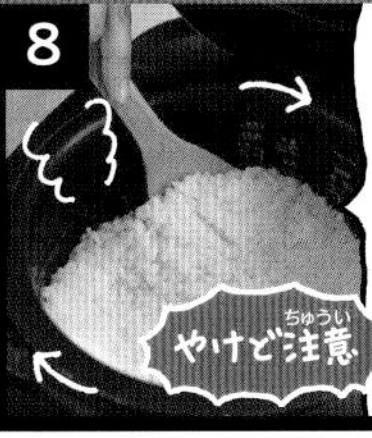
やけど注意
炊き上がったら
水でぬらしたしゃもじで
まわりをぐるりと
すくうようにして…

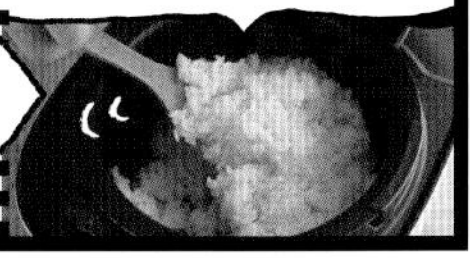
全体をほぐして
完成!

みそ汁

1

水900ml
中火
水を入れて
火をつけ、
中火にする

2
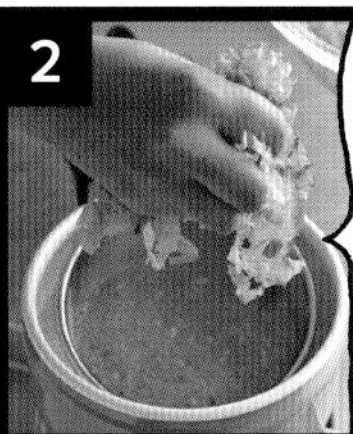
ふつふつしたら、
なべにざるをおき、
かつおぶしを入れる

3

2分
火を止める
再びふつふつ
したら、火を止め
2分ほどおく

4

おす
おたまで押して
しぼってから、
ざるごと
取り出す

5

くずし豆腐
といって
味が
しみこみ
やすいぞ
豆腐を
手でくずして
入れる

6

中火
豆腐が
うき上がって
くるまで
中火で煮る

7

みそ
大さじ3
ざるを入れ、
みそを入れて
おたまで
まぜる

8

わかめ
大さじ1
わかめを入れて、
ふっとう直前に
火を止めて
完成!

9

いただきまーす!

切りやすい
食材で
練習
すべし〜

ケガに
注意

包丁の使い方

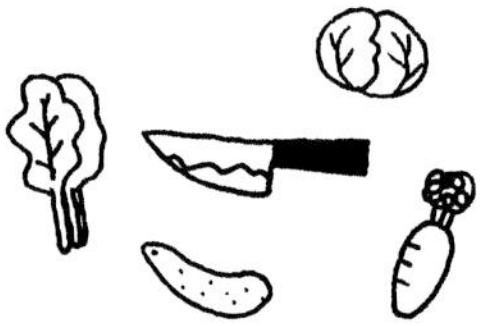

立ち方

包丁を持っている手と同じ方の足を、少し下げて斜めに立つと、包丁が動かしやすいよ。

こぶし一つ分
あける

持ち方

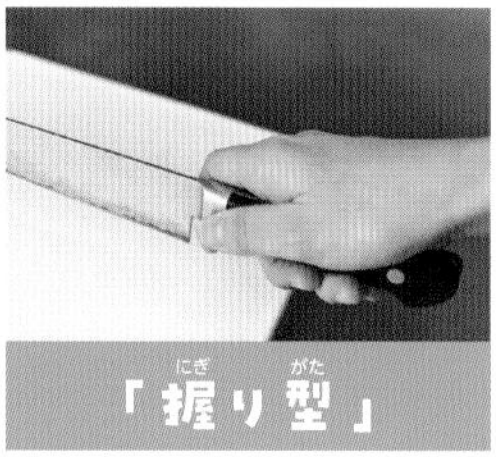
「握り型」

野菜などを切るときの基本の持ち方だよ。

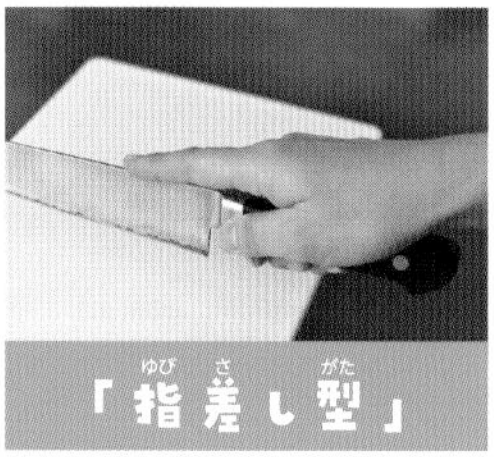
「指差し型」

魚や野菜をうすく切るときに向いているよ。

食材のおさえ方

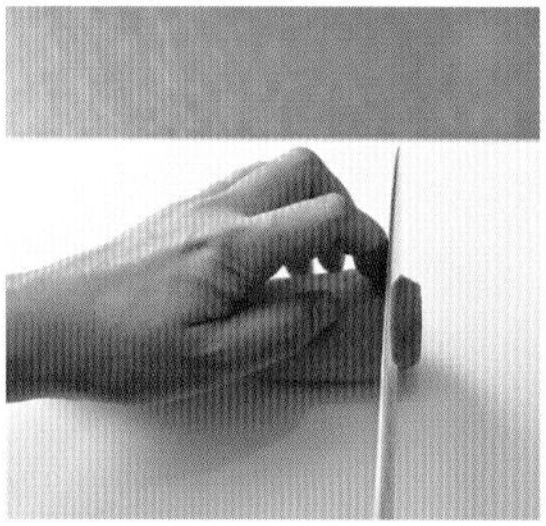

指を丸めて、しっかり食材をおさえるよ。

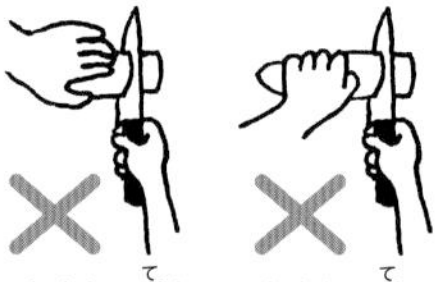

おさえる手を丸めていない

おさえる手の向きがちがう

使わない時は…

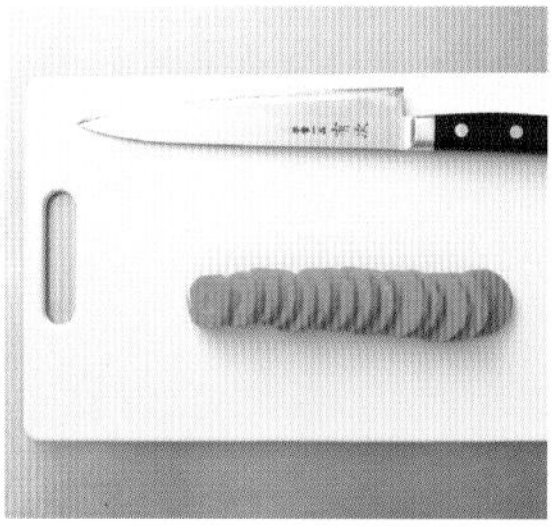

刃を自分とは反対に向けて、まな板の奥においておこう。

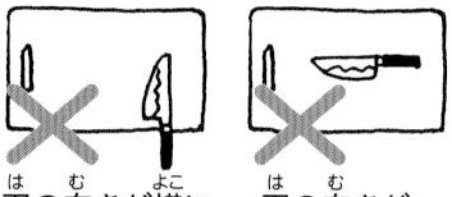

刃の向きが横になっている

刃の向きが手前になっている

まな板の注意点

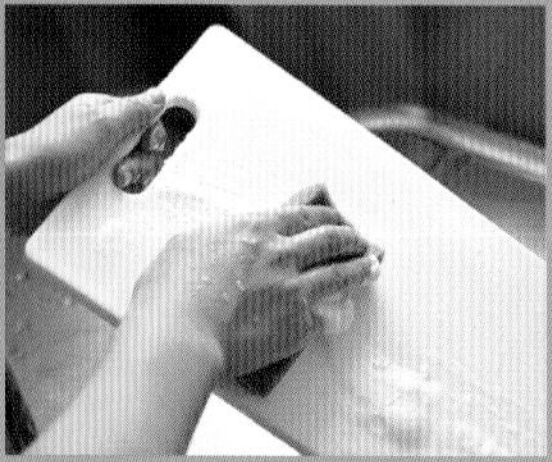

まな板は、切っている時にガタガタしない物を使おう。また、「野菜・肉・魚」ごとにそれぞれ使い分けると良いけれど、一枚しかない場合は、野菜を先に切ってから、肉や魚を切ろう。肉や魚には雑菌がついていることがあるから、生で食べる野菜をあとで切る場合は、洗剤でしっかりと洗ってから使ってね。

「食べやすい大きさって?」

レシピに書いてある「食べやすい大きさ」とは、無理なく安全に切れる大きさ・厚みでOKだよ。できあがりを思い浮かべて切ってみよう!

上から見た図
パプリカを
タテ半分に切る
タネをとる
食べやすい
太さに切る
水平に見た図

電子レンジをフル活用！

火を使わないレシピ

「茹でる」「焼く」「炒める」。

普段はコンロで調理する工程も、電子レンジにおまかせあれ！

簡単そぼろから、本格的なホワイトソースまで、

お母さんもマネしたくなるお手軽レシピを紹介するよ。

包丁を使って切ることや、工程になれてきたら、

春休みや夏休みのおひるごはんに自分で作ってみよう。

きっとその味はカクベツ！

お父さんやお母さんに、頼りにされることまちがいなし。

ぼくみたいな
初心者に
ぴったり!!
レンジのワット数に
気をつけるのじゃ

レベル 1

何度でも作りたくなる味!

とりそぼろ丼

おにぎりにしても
おいしいのです

作った日 おうちの人と

年　月　日

作った日 ひとりで

年　月　日

使う道具

- □ 耐熱ボウル
- □ 計量スプーン
- □ さいばし・2膳
- □ 食品用ラップフィルム
- □ 電子レンジ □ なべつかみ

材料（2人分）

- とりひき肉・約150g
- しょうが（チューブ）・約3cm

A
- しょうゆ・大さじ2
- さとう・大さじ2
- 酒・大さじ2

- ごはん・食べたい量

お好みで白ごまをふる

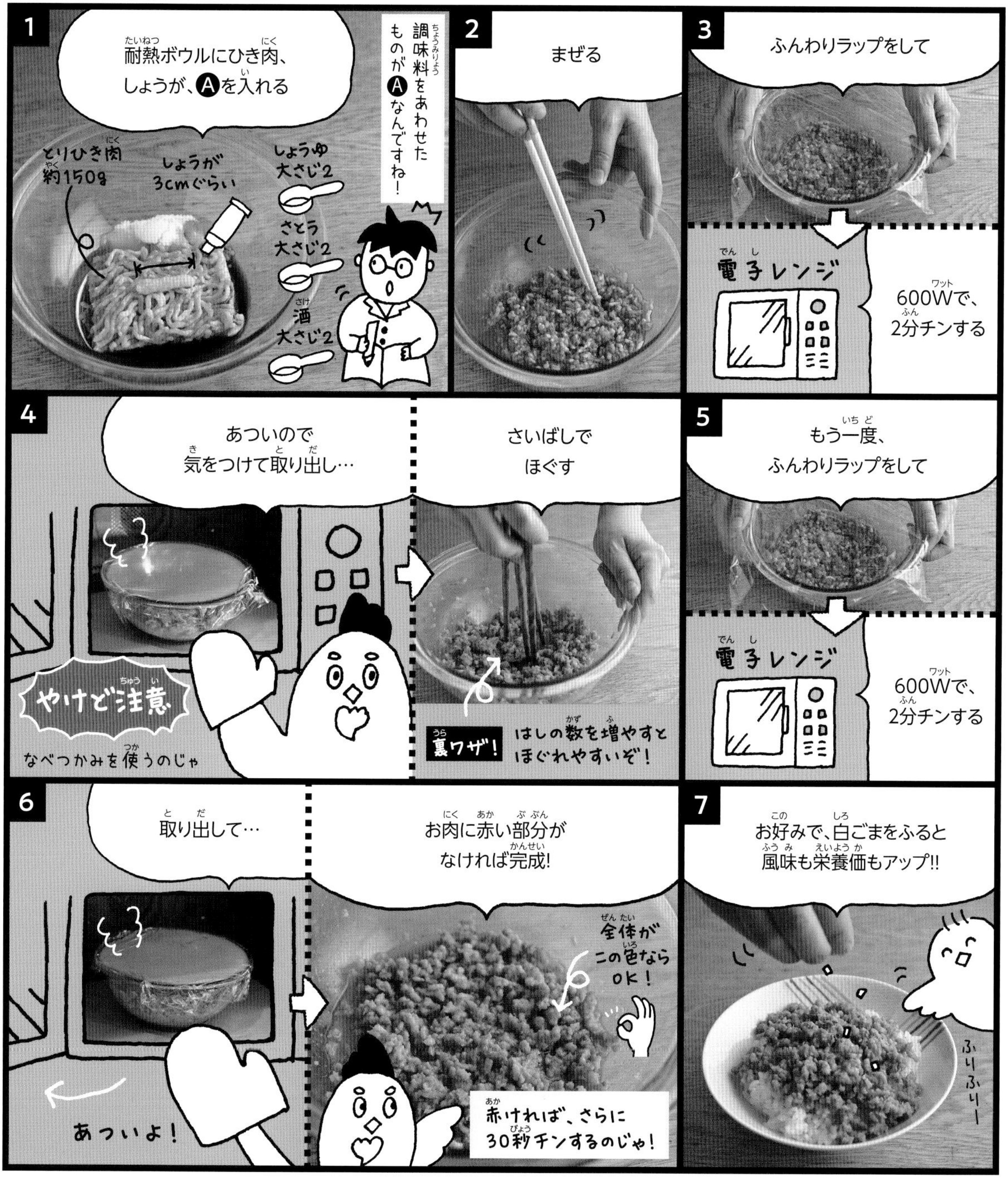
1
耐熱ボウルにひき肉、
しょうが、Aを入れる
とりひき肉
約150g
しょうが
3cmぐらい
しょうゆ
大さじ2
さとう
大さじ2
酒
大さじ2
調味料をあわせたものがAなんですね!
2
まぜる
3
ふんわりラップをして
電子レンジ
600Wで、
2分チンする
4
あついので
気をつけて取り出し…
やけど注意
なべつかみを使うのじゃ
さいばしで
ほぐす
裏ワザ!
はしの数を増やすと
ほぐれやすいぞ!
5
もう一度、
ふんわりラップをして
電子レンジ
600Wで、
2分チンする
6
取り出して…
あついよ!
お肉に赤い部分が
なければ完成!
全体が
この色なら
OK!
赤ければ、さらに
30秒チンするのじゃ!
7
お好みで、白ごまをふると
風味も栄養価もアップ!!
ふりふりー

レベル 1

レンチンでおいしい！お手軽パスタ

カルボナーラ

Carbonaraは
炭焼きのパスタと
いわれているのさっ

作った日 おうちの人と

年　月　日

作った日 ひとりで

年　月　日

使う道具

- □ まな板　□ 包丁
- □ はかりか、ペットボトル
- □ 耐熱性フードコンテナー
- □ 計量カップ □ 計量スプーン
- □ 電子レンジ □ なべつかみ
- □ フォーク

材料（1人分）

- パスタ・100g
- ベーコン（ハーフ）・4枚（1パック）
- ニンニク（チューブ）・約2cm
- 顆粒コンソメ・小さじ1
- 水・300ml
- スライスチーズ（とろけるタイプ）・1枚
- たまご・1コ

お好みで黒こしょうをふる

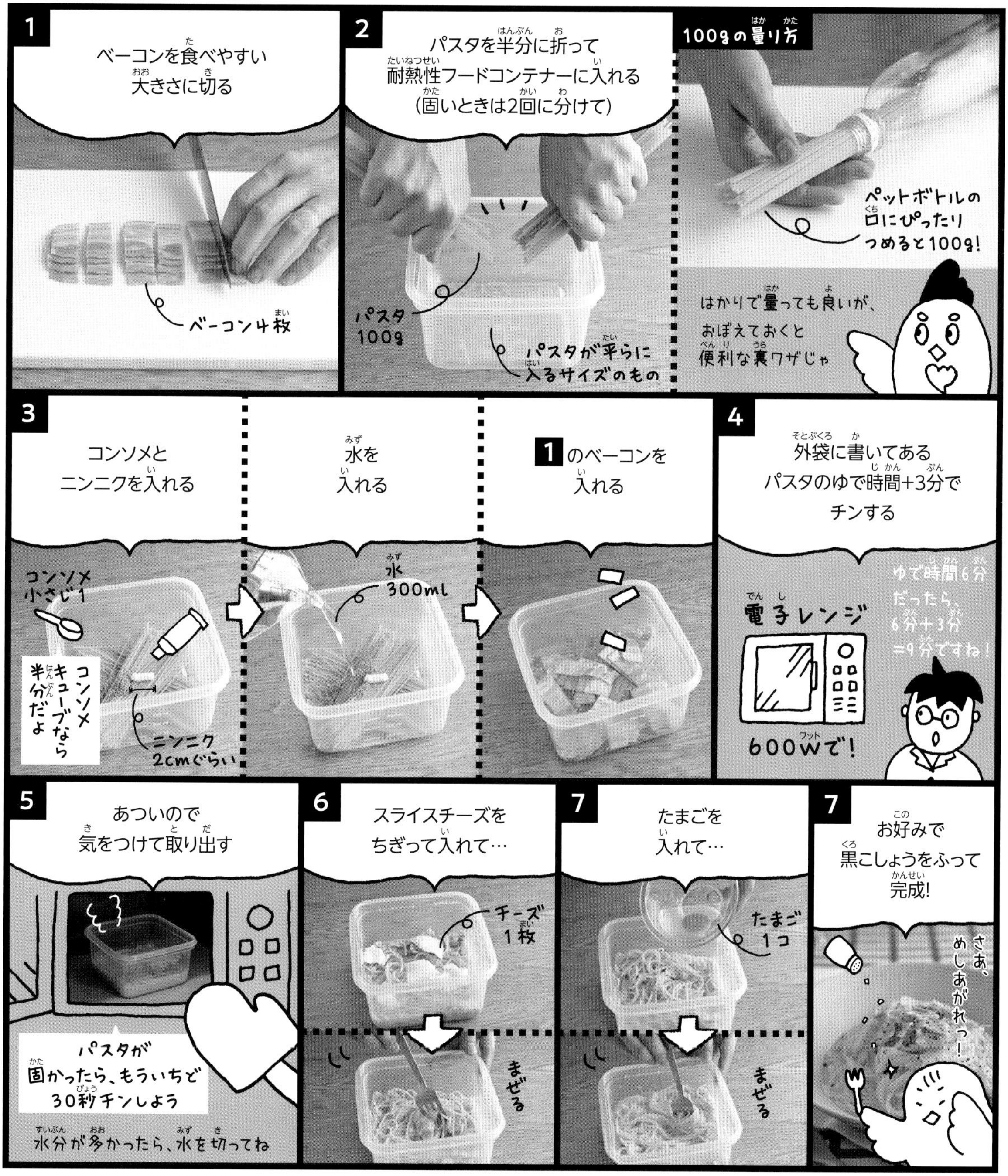
1
ベーコンを食べやすい大きさに切る
ベーコン4枚
2
パスタを半分に折って耐熱性フードコンテナーに入れる（固いときは2回に分けて）
パスタ100g
パスタが平らに入るサイズのもの
100gの量り方
ペットボトルの口にぴったりつめると100g!
はかりで量っても良いが、おぼえておくと便利な裏ワザじゃ
3
コンソメとニンニクを入れる
コンソメ小さじ1
コンソメキューブなら半分だよ
ニンニク2cmぐらい
水を入れる
水300ml
1のベーコンを入れる
4
外袋に書いてあるパスタのゆで時間+3分でチンする
電子レンジ
600Wで!
ゆで時間6分だったら、6分+3分=9分ですね！
5
あついので気をつけて取り出す
パスタが固かったら、もういちど30秒チンしよう
水分が多かったら、水を切ってね
6
スライスチーズをちぎって入れて…
チーズ1枚
まぜる
7
たまごを入れて…
たまご1コ
まぜる
7
お好みで黒こしょうをふって完成!
さあ、めしあがれっ!

レベル 2

缶詰使って、手間いらず

おにぎらず

全集中！
トリの呼吸で
包むのじゃ

作った日　　おうちの人と

年　月　日

作った日　　ひとりで

年　月　日

使う道具

□まな板 □包丁
□耐熱ボウル □電子レンジ
□なべつかみ □容器
□しゃもじ □計量スプーン
□食品用ラップフィルム

材料（2コ分）

さば缶（味噌煮）・1缶

ほうれん草・4株

ごはん・茶わん2杯分

のり（全型）・2枚

しょうゆ・小さじ2

マヨネーズ・お好みの量

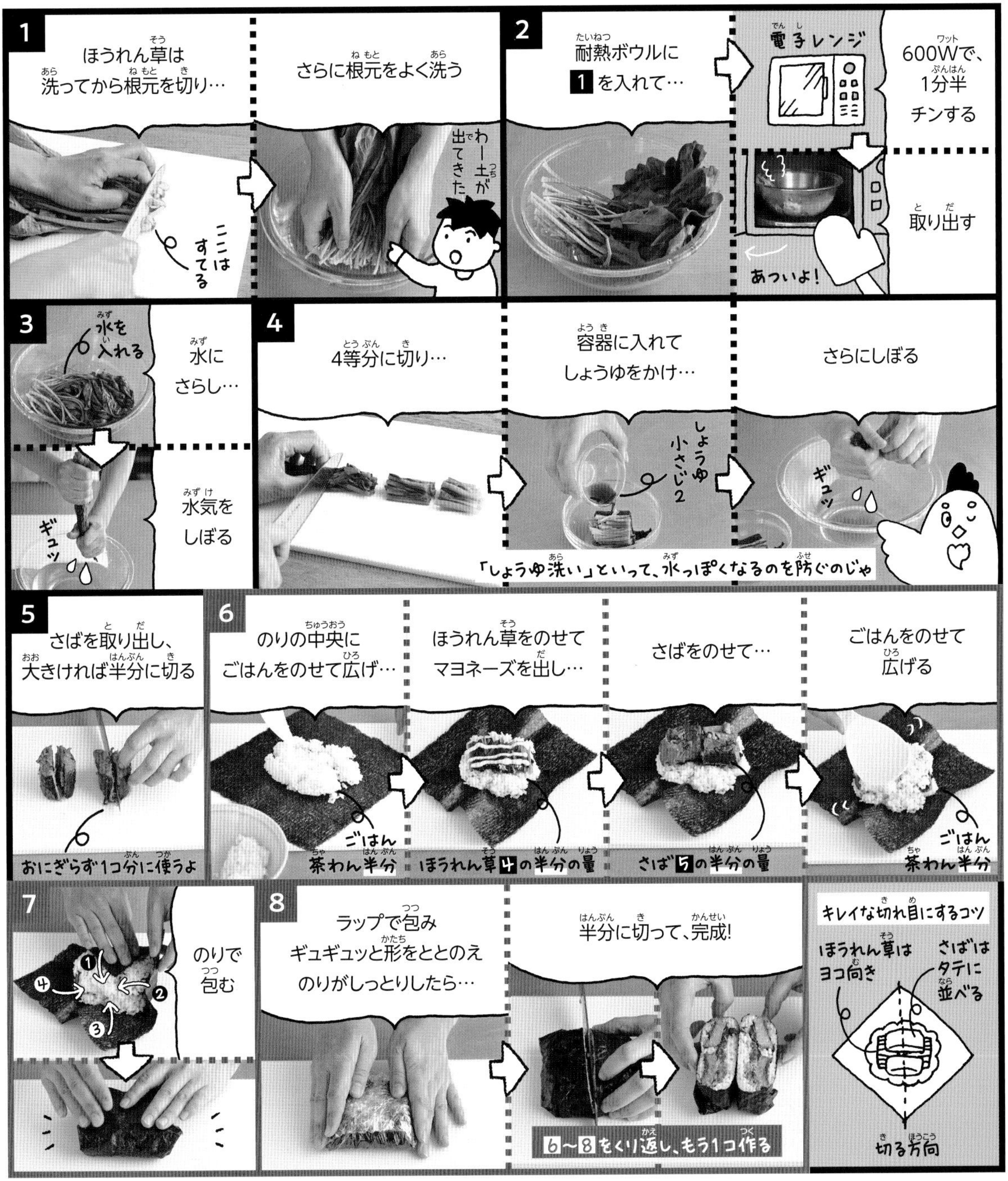
1
ほうれん草は洗ってから根元を切り…
ここはすてる
さらに根元をよく洗う
わー土が出てきた
2
耐熱ボウルに 1 を入れて…
電子レンジ
600Wで、1分半チンする
取り出す
あついよ!
3
水をいれる
水にさらし…
水気をしぼる
ギュッ
4
4等分に切り…
容器に入れてしょうゆをかけ…
しょうゆ小さじ2
さらにしぼる
ギュッ
「しょうゆ洗い」といって、水っぽくなるのを防ぐのじゃ
5
さばを取り出し、大きければ半分に切る
おにぎらず1コ分に使うよ
6
のりの中央にごはんをのせて広げ…
ごはん茶わん半分
ほうれん草をのせてマヨネーズを出し…
ほうれん草4の半分の量
さばをのせて…
さば5の半分の量
ごはんをのせて広げる
ごはん茶わん半分
7
のりで包む
8
ラップで包みギュギュッと形をととのえのりがしっとりしたら…
半分に切って、完成!
6～8をくり返し、もう1コ作る
キレイな切れ目にするコツ
ほうれん草はヨコ向き
さばはタテに並べる
切る方向

火を使わないレシピ

レベル 3

中に入れる具でアレンジが楽しめる！

オープンオムレツ

お弁当や
パーティーにも
使えそう♥

作った日 おうちの人と

年　月　日

作った日 ひとりで

年　月　日

使う道具

- □ まな板 □包丁
- □ ピーラー（皮むき器）
- □ 耐熱性フードコンテナー
- □ さいばし □計量スプーン
- □ 食品用ラップフィルム
- □ 電子レンジ □なべつかみ
- □ フライ返し

材料（2～3人分）

- たまご（Mサイズ）・4コ
- アスパラガス・2本
- ハム・4枚（1パック）
- ミニトマト・6コ
- マヨネーズ・大さじ1
- 牛乳・大さじ2
- 塩、こしょう・少し

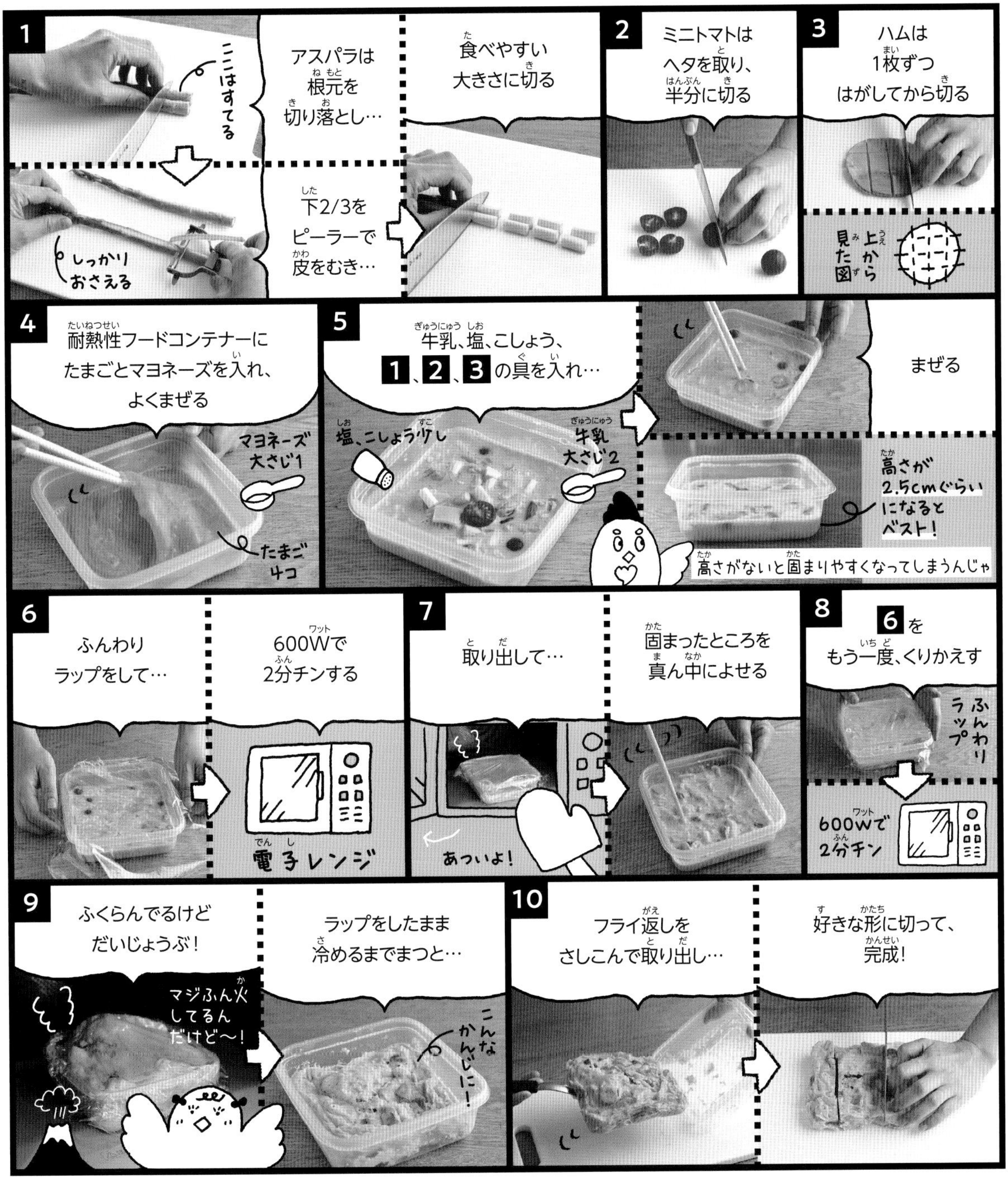
1
アスパラは根元を切り落とし…
ここはすてる
食べやすい大きさに切る
下2/3をピーラーで皮をむき…
しっかりおさえる
2
ミニトマトはヘタを取り、半分に切る
3
ハムは1枚ずつはがしてから切る
上から見た図
4
耐熱性フードコンテナーにたまごとマヨネーズを入れ、よくまぜる
マヨネーズ大さじ1
たまご4コ
5
牛乳、塩、こしょう、1、2、3の具を入れ…
塩、こしょう少し
牛乳大さじ2
まぜる
高さが2.5cmぐらいになるとベスト!
高さがないと固まりやすくなってしまうんじゃ
6
ふんわりラップをして…
600Wで2分チンする
電子レンジ
7
取り出して…
あついよ!
固まったところを真ん中によせる
8
6をもう一度、くりかえす
ふんわりラップ
600Wで2分チン
9
ふくらんでるけどだいじょうぶ!
マジふん火してるんだけど〜!
ラップをしたまま冷めるまでまつと…
こんなかんじに!
10
フライ返しをさしこんで取り出し…
好きな形に切って、完成!

レベル 3

ホワイトソースも手作りの本格派

パングラタン

ボリュームもあって
ランチにぴったり!

作った日 おうちの人と

年　月　日

作った日 ひとりで

年　月　日

使う道具

- □耐熱ボウル □計量スプーン
- □電子レンジ □泡立て器
- □なべつかみ □計量カップ
- □まな板 □包丁
- □トースターOKの耐熱容器
- □おたま □トースター

材料（2人分）

- 食パン(8枚切)・2枚
- バター・20g
- 薄力粉・大さじ2
- 牛乳・300ml
- ソーセージ・4本
- 塩、こしょう・少し
- しらす・大さじ2
- ピザ用チーズ・ふたつかみ

1
耐熱ボウルにバターと薄力粉を入れる
バター20g
薄力粉大さじ2
1目盛りで切ると10gだよ
2
電子レンジ
600Wで30秒チンする
まぜる
3
牛乳を1/3ぐらい入れて…
牛乳300ml
まぜる
3回くりかえす
4
600Wで2分チンする
5
取り出して…
あついよ!
まぜる
6
4、5をもう一度くりかえす
600Wで2分チン
まぜる
7
ソーセージと食パンを食べやすい大きさに切る
ソーセージ4本
食パン2枚
8
6にソーセージと塩、こしょうを入れて…
塩、こしょう少し
まぜる
9
トースターOKの耐熱容器にパンをしいて…
パン1枚で一人分
なるべく平らに!
8のホワイトソースをかける
はみ出るとコゲやすいぞ
10
しらすをのせて…
しらす大さじ1で一人分
チーズをのせる
チーズひとつかみで一人分
11
トースターで9〜10分焼く
9〜10分
あついよ!
トースターによって時間は変わるぞ。焼き色がついたら完成じゃ!

4コマ劇場 カトリーヌとゆかいな仲間たち

はじめての炊飯器

たまごのカラアート

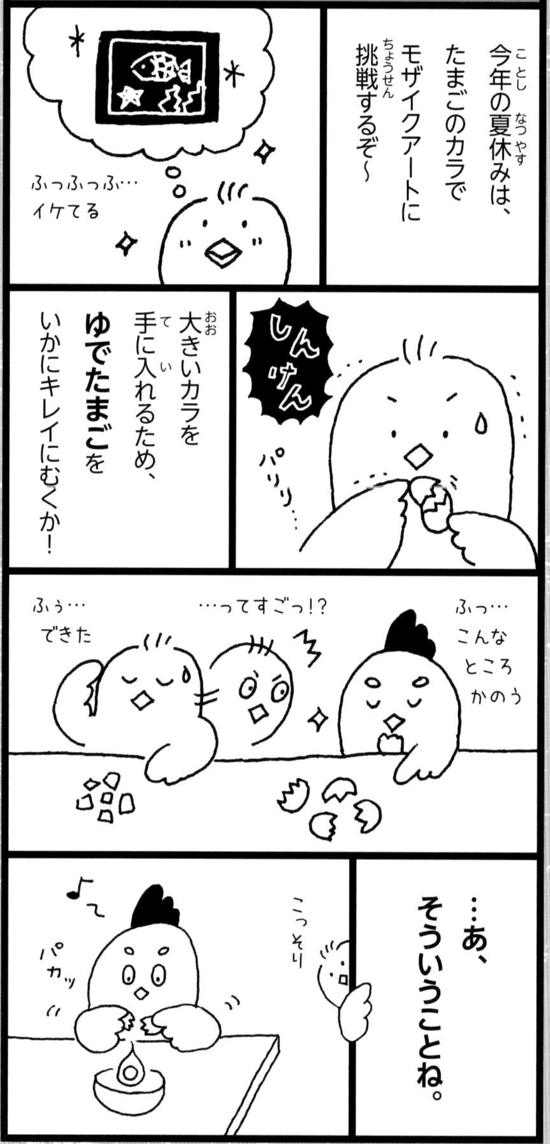

かんたんアレンジ！

みんな大好き定番メニュー

ぎょうざやミートソースパスタは大好きだから

作りたいけど、野菜のみじん切りがめんどくさい…。

うんうん。その気持ち、わかります!

ということで、料理の教科書にのっているレシピとはちがって

楽しく作れるようにアレンジした定番の料理をご紹介。

お店の味やお母さんが作る料理と同じにならなくても

ニコニコ笑顔でキミが作った料理の味は、

どんな高級店よりも、ずっとずっとおいしいはず！

チャーハンも!?
ミートソースも!?
オムライスも!?
自分で作れちゃうのー!?

レベル 1

炒めない！包まない！

スクランブルオムライス

作った日 おうちの人と

年　月　日

作った日 ひとりで

年　月　日

大好きな鮭ごはんと
オムライスの
夢のコラボ!!
3

使う道具

- □ ボウル
- □ 計量スプーン
- □ しゃもじ
- □ さいばし
- □ フライパン（小か、中）
- □ フライ返し

材料（1人分）

- 鮭フレーク・大さじ1
- ごはん・茶わん大盛り1杯
- オリーブオイル・小さじ1
- たまご・2コ
- 牛乳・大さじ1
- 塩、こしょう・少し
- 油・大さじ1

お好みでケチャップをかける

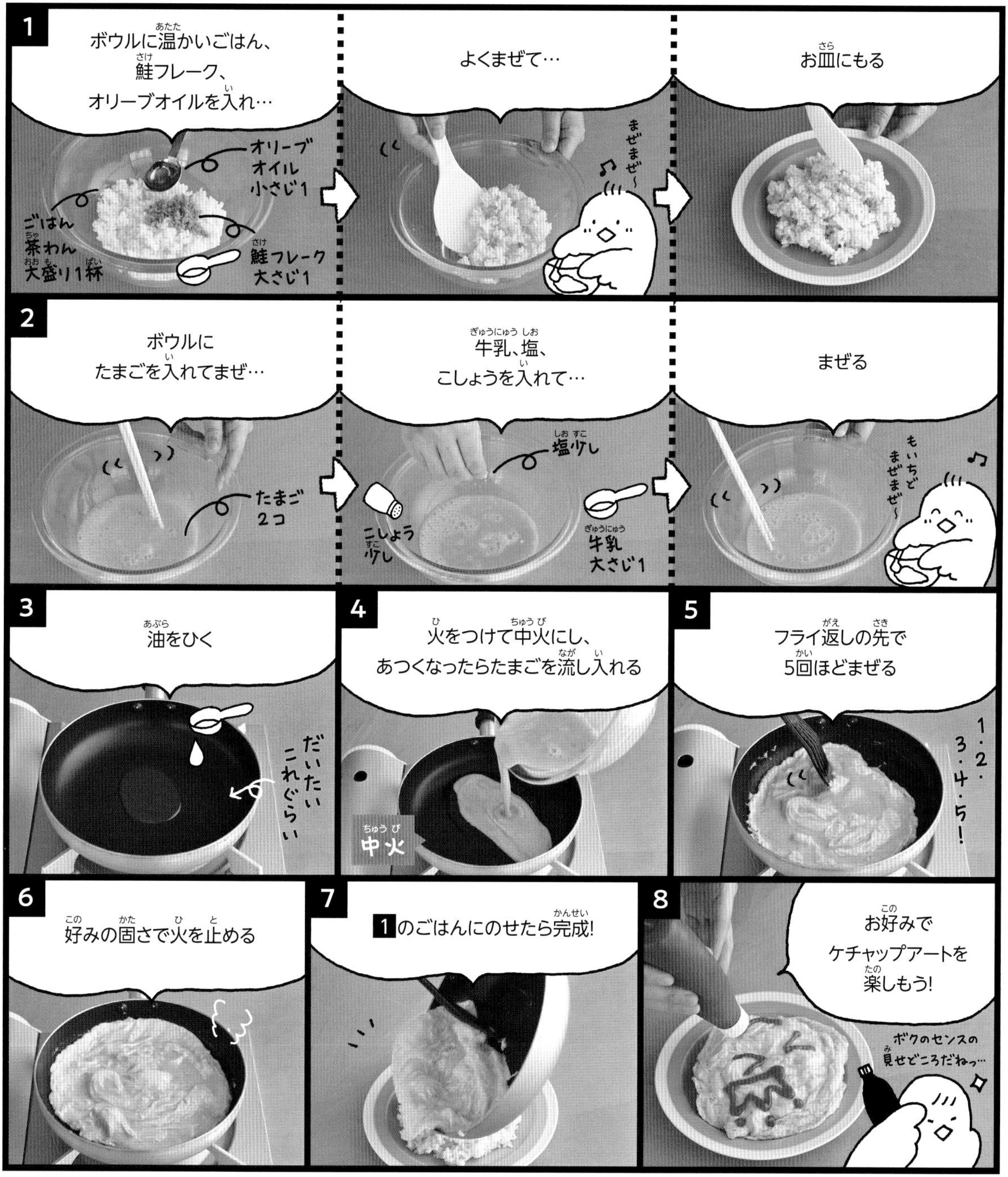
1
ボウルに温かいごはん、
鮭フレーク、
オリーブオイルを入れ…
オリーブオイル小さじ1
ごはん茶わん大盛り1杯
鮭フレーク大さじ1
よくまぜて…
まぜまぜ～
お皿にもる
2
ボウルにたまごを入れてまぜ…
たまご2コ
牛乳、塩、こしょうを入れて…
塩少し
こしょう少し
牛乳大さじ1
まぜる
もいちどまぜまぜ～
3
油をひく
だいたいこれぐらい
4
火をつけて中火にし、
あつくなったらたまごを流し入れる
中火
5
フライ返しの先で
5回ほどまぜる
1・2・3・4・5!
6
好みの固さで火を止める
7
1のごはんにのせたら完成!
8
お好みで
ケチャップアートを
楽しもう!
ボクのセンスの見せどころだねっ…

レベル 2

パラパラに作れるプロの!?技

明太子チャーハン

気分は中華の料理人!
01

作った日 おうちの人と

年　月　日

作った日 ひとりで

年　月　日

使う道具

- □ まな板 □ 包丁
- □ ボウル2コ □ さいばし
- □ 計量スプーン
- □ しゃもじ
- □ フライパン(大)
- □ 木べら

材料(2人分)

- 明太子・1本
- ごはん・茶わん中盛り2杯分
- たまご・1コ
- レタス・2枚
- 油・大さじ2
- しょうゆ・小さじ1

1
明太子を
ほぐれやすいように切る
明太子1本
たらこでもOKじゃ
2
レタスは
手でちぎっておく
食べやすくちぎるよ〜
レタス2枚
3
ボウルにたまごを
入れてまぜる
たまご1コ
4
3に
ごはんを
入れ…
ごはん茶わん中盛り2杯分
よく
まぜる
5
油をひく
だいたいこれぐらい
6
明太子を入れてから
火をつけて中火にする
中火
7
明太子の色が
変わったら4を入れて…
明太子がパチパチはねたら、
すぐごはんを入れるのじゃ
よく炒める
8
しっかり炒めたら
しょうゆを入れて…
しょうゆ小さじ1
たえずまぜるのじゃ
また炒める
つかれる〜
9
レタスを
入れて
炒め…
しんなり
したら
火を止めて
完成!
丸く盛りつけたい時は…
1. 深めのお茶わんに
ごはんをギュッと
強めにおしこんで
2. お皿をのせて
3. ひっくり返す!

レベル 2

野菜ジュースでコクが増す！

キーマカレー

「キーマ＝細かい」肉でいうと、ひき肉を意味するのさっ

作った日　おうちの人と

年　月　日

作った日　ひとりで

年　月　日

使う道具

- □ まな板 □ 包丁
- □ ボウル □ フライパン（大）
- □ 木べら □ 計量カップ
- □ 耐熱カップ
- □ つまようじ
- □ 電子レンジ

材料（4人分）

- 合いびき肉・約300g
- もやし・1袋
- 油・大さじ1
- 野菜ジュース・200ml
- ニンニク（チューブ）、しょうが（チューブ）・各約5cm
- 水・150ml
- カレールウ（甘口）・4皿分
- ごはん・食べたい量

お好みで温泉卵をのせる

1
もやしはできるだけ細かく切る
もやし1袋
いろんな長さがあってOKじゃ
2
油をひく
だいたいこれぐらい
3
もやしを入れて火をつけ、強火にし、水気がとぶまでしっかり炒める
強火
4
中火にしてから合いびき肉をいれて…
中火
合いびき肉約300g
よく炒める
5
カレールウ、ニンニク、しょうがを入れ…
カレールウ4皿分
ニンニク、しょうが5cmぐらい
水と野菜ジュースを入れる
水150ml
野菜ジュース200ml
野菜汁100%がオススメじゃ
6
まぜながら、カレールウを溶かす
7
溶けてから2〜3分まぜて煮込み、火を止めて完成!
2〜3分
まぜてないとマグマのようにグツグツになるぞ
のせるかどうかは自由だし〜
電子レンジで作る
温玉レシピ
教えちゃうし〜
チクッ
電子レンジ
❶ 耐熱カップに水を100ml入れる
❷ たまごを1コ入れる
❸ 爆発しないよう黄身をつまようじで4ヶ所刺す
❹ 600Wで1分チンする
❺ 完成だし〜
1つずつ作るのじゃ

レベル 2

誰でも楽しくカンタンに！

ビッグぎょうざ

ホットプレートで
もっと大きく
作ってみようかなー
わくわく

作った日 おうちの人と

年　月　日

作った日 ひとりで

年　月　日

使う道具

- □ボウル □計量スプーン
- □キッチンばさみ
- □フライパン（中か、大）
- □フライパンのフタ
- □計量カップ □フライ返し
- □まな板 □包丁

材料（2コ分）

- ぎょうざの皮（大判）・1袋（24枚入使用）
- ニラ・1束
- 豚ひき肉・約200g

A
- しょうゆ、酒、片栗粉・各大さじ1
- さとう、ごま油・各小さじ1
- ニンニク（チューブ）、しょうが（チューブ）・各約5cm

- 油・大さじ1を2回
- 水・100ml

お好みでポン酢をそえる

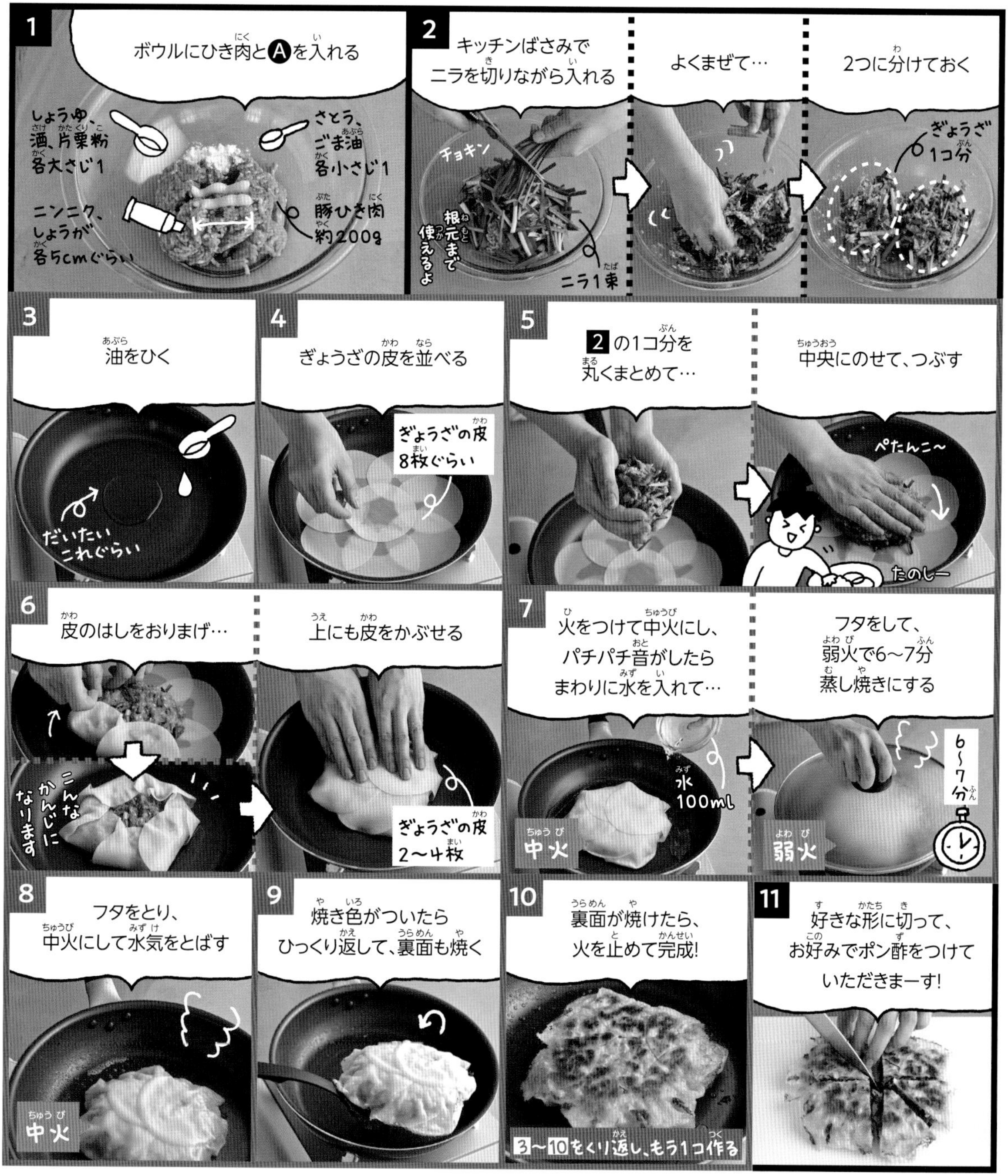
1
ボウルにひき肉とⒶを入れる
しょうゆ、酒、片栗粉 各大さじ1
さとう、ごま油 各小さじ1
ニンニク、しょうが 各5cmぐらい
豚ひき肉 約200g
2
キッチンばさみでニラを切りながら入れる
チョキン
根元まで使えるよ
ニラ1束
よくまぜて…
2つに分けておく
ぎょうざ1コ分
3
油をひく
だいたいこれぐらい
4
ぎょうざの皮を並べる
ぎょうざの皮 8枚ぐらい
5
2の1コ分を丸くまとめて…
中央にのせて、つぶす
ぺたんこ～
たのしー
6
皮のはしをおりまげ…
こんなかんじになります
上にも皮をかぶせる
ぎょうざの皮 2～4枚
7
火をつけて中火にし、パチパチ音がしたらまわりに水を入れて…
水 100ml
中火
フタをして、弱火で6～7分蒸し焼きにする
6～7分
弱火
8
フタをとり、中火にして水気をとばす
中火
9
焼き色がついたらひっくり返して、裏面も焼く
10
裏面が焼けたら、火を止めて完成!
3～10をくり返し、もう1コ作る
11
好きな形に切って、お好みでポン酢をつけていただきまーす!

レベル 2

煮込んだ分だけ、ほろほろに！

手羽元のさっぱり煮

お酢には
お肉をやわらかくする
効果があるのです

作った日 おうちの人と

年　月　日

作った日 ひとりで

年　月　日

使う道具

- □まな板　□包丁
- □耐熱ボウル
- □食品用ラップフィルム
- □電子レンジ □計量カップ
- □計量スプーン
- □キッチンペーパー
- □なべ　□なべのフタ
- □トングか、さいばし

材料（2～3人分）

- とり手羽元・10本ほど
- ブロッコリー・半分
- 水・大さじ1

Ⓐ
- 水・100ml
- しょうゆ、酢・70ml
- さとう・大さじ3

- ニンニク、しょうが（チューブ）・各約4cm

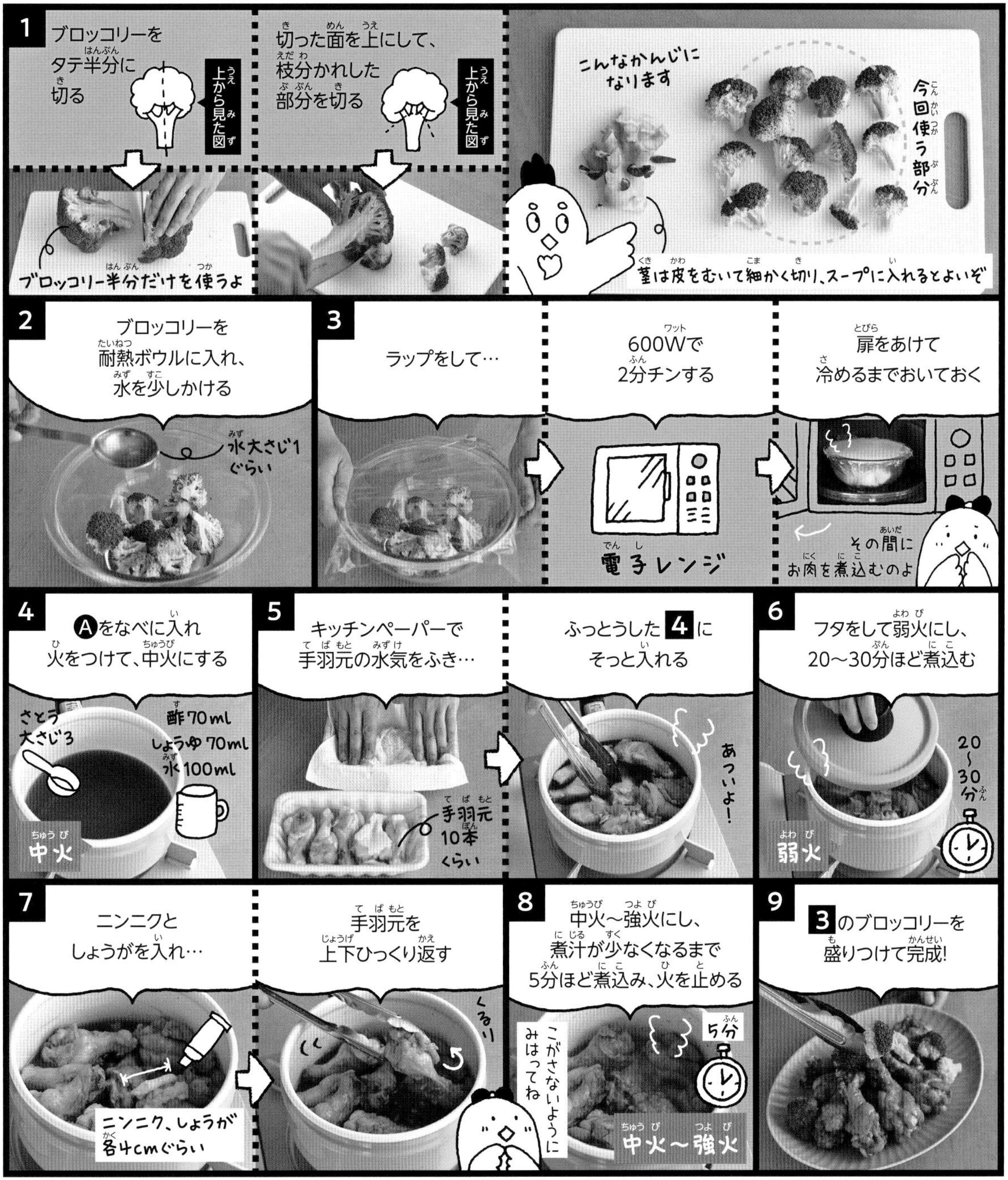
1
ブロッコリーをタテ半分に切る
上から見た図
ブロッコリー半分だけを使うよ
切った面を上にして、枝分かれした部分を切る
上から見た図
こんなかんじになります
今回使う部分
茎は皮をむいて細かく切り、スープに入れるとよいぞ
2
ブロッコリーを耐熱ボウルに入れ、水を少しかける
水大さじ1ぐらい
3
ラップをして…
600Wで2分チンする
電子レンジ
扉をあけて冷めるまでおいておく
その間にお肉を煮込むのよ
4
Aをなべに入れ火をつけて、中火にする
さとう大さじ3
酢70ml
しょうゆ70ml
水100ml
中火
5
キッチンペーパーで手羽元の水気をふき…
手羽元10本くらい
ふっとうした4にそっと入れる
あついよ!
6
フタをして弱火にし、20〜30分ほど煮込む
20〜30分
弱火
7
ニンニクとしょうがを入れ…
ニンニク、しょうが各4cmぐらい
手羽元を上下ひっくり返す
くるり
8
中火〜強火にし、煮汁が少なくなるまで5分ほど煮込み、火を止める
こがさないようにみはってね
5分
中火〜強火
9
3のブロッコリーを盛りつけて完成!

レベル 3

フライパンひとつで完成！

ミートソースパスタ

煮込み系パスタって
マジおてがる〜

作った日 おうちの人と

年　月　日

作った日 ひとりで

年　月　日

使う道具

- □ まな板 □包丁 □木べら
- □ フライパン（大）
- □ フライパンのフタ
- □ 計量スプーン □計量カップ
- □ はかりか、ペットボトル

ペットボトルの口にぴったりつめると100g!

材料（2〜3人分）

- パスタ・200g
- 玉ねぎ・半分
- 合いびき肉・約200g
- カットトマト・1パック（1缶）
- オリーブオイル・大さじ1
- ウスターソース・大さじ1
- 水・400ml
- 顆粒コンソメ・小さじ2
- さとう・小さじ1
- 塩、こしょう・少し

お好みで粉チーズをふる

1 玉ねぎのあたまを切る → 切った面を下にして半分に切る → 皮をむく → 根元を三角に切る → うす切りにする

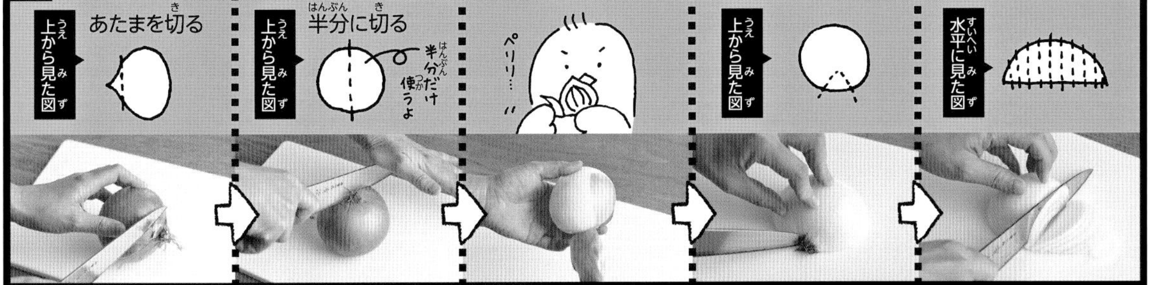

2 オリーブオイルをひく

3 玉ねぎを入れてから火をつけて中火にし、炒める

4 玉ねぎがすき通ったら合いびき肉を入れて、炒める

5 ソースを入れて… 炒める

6 火を止めてからカットトマトを入れ… → 水を入れて… → コンソメ、さとうを入れて… → まぜる

7 パスタを半分に折って入れる

8 火をつけ、中火にしてふつふつわいたらフタをする

9 外袋に書いてあるパスタのゆで時間で煮込んだら、火を止める

10 塩、こしょうで味をととのえたら完成!

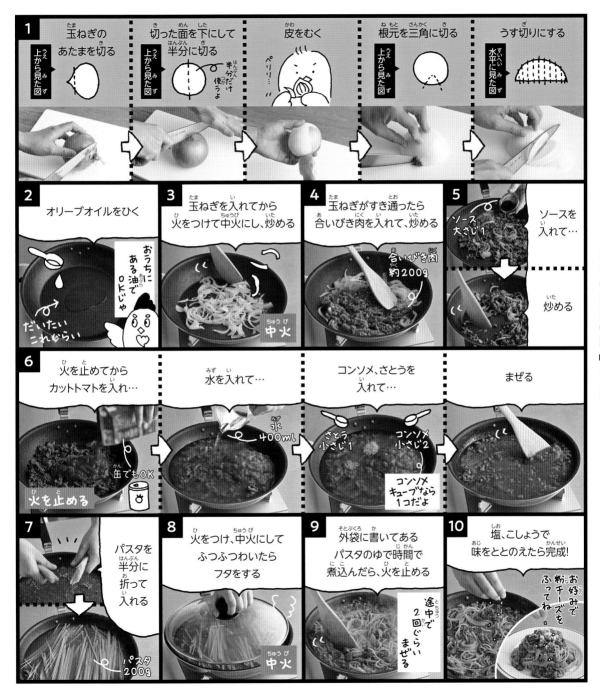

ふんわりたまごの中華風!

使う道具

- □なべ □計量カップ □ボウル
- □計量スプーン □おたま
- □さいばし □キッチンばさみ
- □穴あきおたま(あれば)

材料(4人分)

- □水・800ml □たまご・2コ
- □中華スープの素・大さじ1
- □しょうゆ・小さじ2
- □ニラ・2株 □ごま油・小さじ1
- □塩、こしょう・少し

中華

番外編 2

かん ス

1 なべに水を入れて火をつけ、中火にする

水
800ml
中火

2 たまごをまぜておく

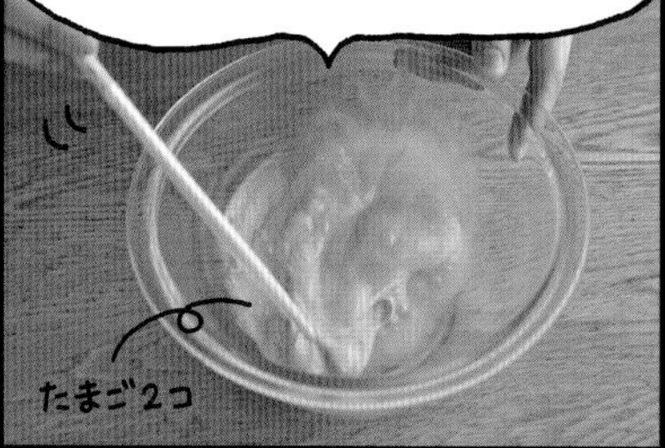

3 ふつふつわいたら中華スープの素、しょうゆを入れてまぜる

しょうゆ小さじ2
中華スープの素大さじ1

4 強火にして、ふつふつわいた状態で、さいばしをそえて、たまごをまわし入れる

強火

裏ワザ!
穴あきおたまなら失敗なしじゃ!

5 キッチンばさみでニラを切りながら入れる

6 塩、こしょう、ごま油を入れて火を止めて完成!

ごま油小さじ1
塩、こしょう少し

SOUP
洋風
たんプ

使う道具

- □バット □なべ □おたま
- □計量カップ □計量スプーン

材料（4人分）

- □水・800ml
- □顆粒コンソメ・小さじ3
- □キャベツ・2枚
- □ソーセージ・8本
- □コーン（缶）・1缶
- □ミニトマト・4コ
- □塩、こしょう・少し

ボリューム満点おかずスープ！

1 キャベツは食べやすく手でちぎっておく

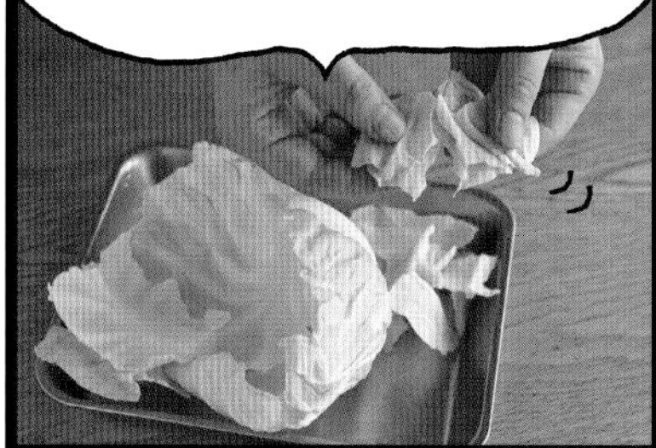

2 水を入れて火をつけ、中火にする

水 800ml
中火

3 ふつふつわいたら、粒状のコンソメを入れ、まぜる

コンソメキューブなら、1コ半だよ
コンソメ小さじ3

4 1のキャベツ、ソーセージ、コーンを入れ、弱火で3分煮る

1のキャベツ
ソーセージ8本
コーン1缶
3分
弱火
コーンは汁をきって入れよう

5 ミニトマトを入れる

ミニトマト4コ

6 塩、こしょうで味をととのえ火を止めて完成！

塩、こしょう少し
あったまる〜

4コマ劇場

カトリーヌとゆかいな仲間たち

失敗は成功のもと

キッチン大喜利

食べたものが体を作る！

元気モリモリレシピ

これからどんどん体も心も成長する時期には

どんなものを食べるといいのかな？

ウイルスや細菌などの病原体に負けないように、

免疫力を上げる食べ物ってあるのかな？

少しだけ栄養素についてお勉強したあとは、

おいしい料理を作って楽しく食べて、

家族みんなでパワー全開！元気モリモリ！

調理に慣れてきたら、野菜の種類を増やしてみてね。

食べ物で
強い体になれるなんて！
これはキョーミ深いですね！
ウワー
せいやっ！
バイバイキーン

教えて！ 体のふしぎ その1

お母さんが、
好き嫌いなく食べないと
大きくなれないかもって
言うけど、ホント？

本当じゃ。
キミたちの体は、食べた物でできている。
子どもの体から、大人の体になるまでの
「成長期に何を食べるか」は、
とても大事なことなのじゃ。

食べ物の成分 「栄養素」の役割は大きく3つに分けられる！

1 体を作る

筋肉、骨、血液、神経など、体そのものの材料になる栄養素がある。成長期には最も大切な栄養素なので、毎日3食の中でしっかり食べよう。

たんぱく質
肉、魚、卵、豆・豆製品
牛乳・乳製品

カルシウム
小魚、牛乳・乳製品
緑黄色野菜

鉄
貝類、ひじき、豆、
緑黄色野菜

2 エネルギーになる

動いたり、考えたり、眠ったり、何をするにも、何にもしなくても、必要なのがエネルギー。次のページを参考に、その日の運動の量で調節しよう。

炭水化物
ごはん、パン、めん、芋

脂質
食用油、バター、
肉、魚、卵、ナッツ類

3 体の調子を整える

たんぱく質と一緒に体を作る材料になったり、他の栄養素の働きを助けたり、病気から体を守る働きもある。健康な体を保つために、意識して摂ろう！

ビタミン
野菜、果物、卵、豚肉

ミネラル（無機質）
小魚、牛乳・乳製品、貝、
ひじき、豆・豆製品、野菜

脂質は意識して摂らなくてOK！
摂り過ぎは肥満の原因となるんじゃ

体が大きくなったら
ダンクシュート
するのが夢なんだ！

大事な試合が
ある時にも
参考にする
のです！

＼スポーツをがんばるキミたちに／

食べ方アドバイス！

炭水化物とたんぱく質は、運動の種類や量によって、食べ方を変えてみよう！

ビタミン、ミネラルは運動量に関係なく、
毎日毎食、意識して摂るのじゃ

たくさん走った日

ランニング、持久系スポーツ
（サッカー・バスケ・テニスなど）

炭水化物	多
たんぱく質	中

たくさん筋肉を使った日

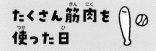

筋力トレーニング、瞬発系スポーツ
（野球・格闘技など）

炭水化物	中
たんぱく質	多

あまり運動しなかった日

食べてもエネルギーとして使われない分は、脂肪に代わるので注意

炭水化物	中
たんぱく質	中

試合の2日前～前日

動くためのエネルギーをためる時期なので炭水化物を中心に

炭水化物	多
たんぱく質	少～中

試合の日

消化の良い炭水化物（果物ジュースでもOK）を少しずつこまめに

炭水化物	中
たんぱく質	少

試合の後

試合後すぐに炭水化物を。食事はたんぱく質を十分に

炭水化物	中～多
たんぱく質	多

教えて!体のふしぎ その2

免疫力って何?
ウイルスや細菌を
やっつけてくれるの?
病気やアレルギーとは
関係あるの?

ヒトの体は、
外から入ってきたウイルスや
細菌などの病原体(病気のもと)や、
ほこり、カビなどを体から取り除いたり、
やっつけたりする「免疫」という仕組みを
持っている。キミたちの体を守ってくれる
大切な働きの一つなんじゃ。
アレルギーにも関係しているぞ。

免疫力の主役!「免疫細胞」さんたち

キミたちの体の中ではいろんな種類の免疫細胞が働いてくれている。病原体が入ってきたらパクッと食べてくれる好中球やマクロファージ、病原菌がいたという報告を受けてB細胞に「抗体」という武器を作るよう命令するのがヘルパーT細胞。そしてキラーT細胞やナチュラルキラー細胞はウイルスに乗っ取られた細胞を片っ端から破壊してくれるのじゃ。また、免疫細胞が病原体じゃないものを間違って攻撃してしまうのがアレルギーである。

※細胞…体を作っている一番小さい部品のようなもの。

縁の下の力持ち!「腸内細菌」さんたち

キミたちの大腸には数百種類、数百兆コもの腸内細菌がすんでいる。中でも善玉菌は病原菌や悪玉菌が苦手な成分を作ったり、体にとって絶対に必要な「ビタミンB」を作ってくれるなど、免疫力アップのために働いてくれているぞ。

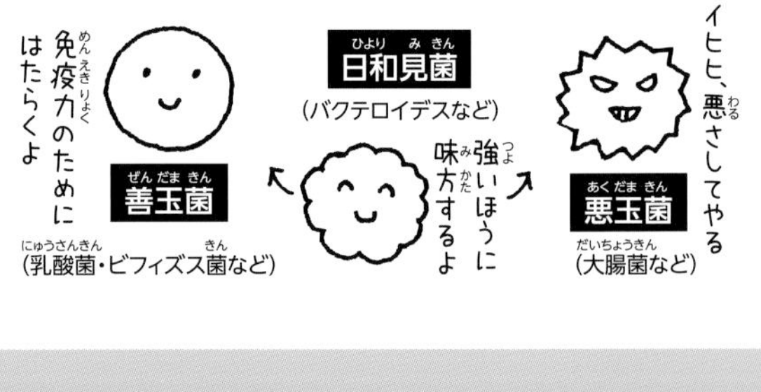

免疫力を上げる食べ物ってなにがあるの？

1.たんぱく質(肉、魚、卵、豆、乳製品など)

ヒトの体は、水分と脂質を除くとほとんどがたんぱく質。免疫細胞もたんぱく質でできている。体の成長と免疫力アップのために、たんぱく質をしっかり摂ろう。

2.抗酸化物質

物がサビてしまうことを「酸化」という。体も酸化すると元気がなくなり免疫力も低下してしまう。酸化を予防するのが抗酸化物質。野菜や果物、緑茶などに多く含まれている。

3.食物繊維

(野菜、果物、きのこ類、豆類)

食べるとネバネバ、あるいはモサモサするのが食物繊維で、腸内細菌のエサに! また、うんちのモトとして死んだ腸内細菌を外に運び出してくれる。

4.きのこ類

きのこは「菌類」といって実は目に見えないぐらい小さな腸内細菌の遠い親戚。善玉菌たちのエサとして、とっても喜ばれる。

5.発酵食品

納豆やヨーグルトや味噌は、腸内細菌の仲間の細菌たちが作ってくれた食べ物。善玉菌であるビフィズス菌や乳酸菌の好物。

ピックアップ食材

とりささみ

とり肉の中で一番カロリーが低いのに、たんぱく質は多い。筋肉をつけるには、たんぱく質は欠かせないんだ。

豚肩ロース

柔らかくておいしい部位の肩ロース。糖質が少なく、たんぱく質やビタミンは多く含んでいるよ。

納豆

たんぱく質が多く、キミたちの体を元気にしてくれる善玉菌を増やす効果が期待できるよ。実はとっても優秀な食べ物。

パプリカ

ピーマンよりも甘くて、しかも栄養価も高い! 色によって栄養価が違って、赤色は抗酸化物質を多く含み、ビタミンCも特に多いよ。

ブロッコリースプラウト

抗酸化力が高い「スルフォラファン」が含まれていることでも注目が集まっているよ。家で栽培から楽しむのもいいね!

ツナ缶

いろいろな料理に手軽に使えるツナ缶は、高タンパクでおすすめな食材。保存もできるからとても便利だよ!

※カロリーとは体を動かすエネルギーの単位のこと

レベル 1

冷凍うどんでカンタン釜玉風

納豆うどん

作った日 おうちの人と

年　月　日

作った日 ひとりで

年　月　日

即席メニューで
栄養満点!
言うことなしじゃ

使う道具

- □ 電子レンジ
- □ 耐熱皿
- □ ボウル
- □ さいばし
- □ なべつかみ

材料（1人分）

冷凍うどん・1袋

焼きのり・少し

A

納豆（タレ付き）・1パック

たまご・1コ

しょうゆ・少し

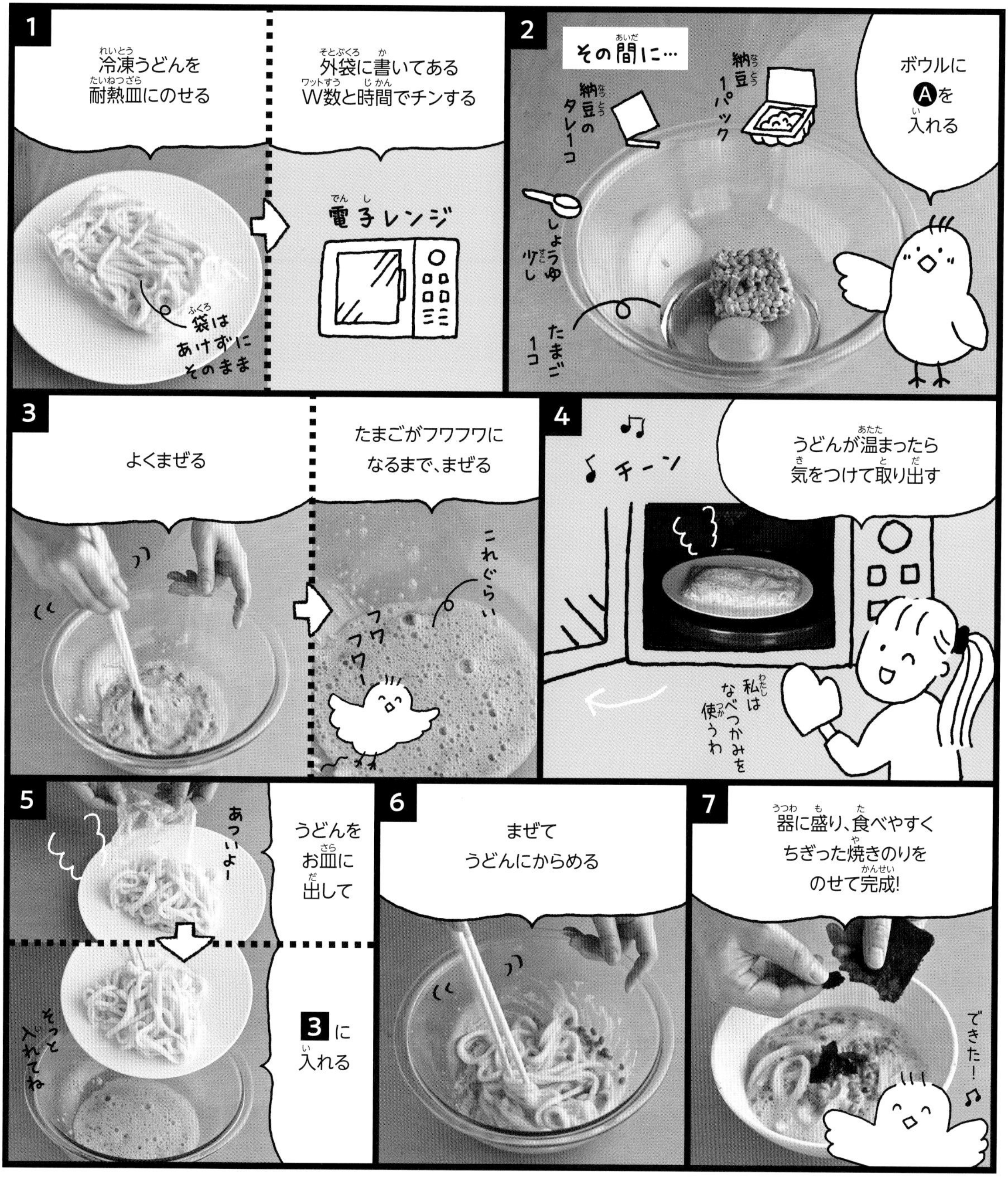
1
冷凍うどんを
耐熱皿にのせる
袋は
あけずに
そのまま
外袋に書いてある
W数と時間でチンする
電子レンジ
2
その間に…
納豆のタレ1コ
納豆1パック
しょうゆ少し
たまご1コ
ボウルに
Aを
入れる
3
よくまぜる
たまごがフワフワに
なるまで、まぜる
フワフワー
これぐらい
4
チーン
うどんが温まったら
気をつけて取り出す
私はなべつかみを使うわ
5
うどんを
お皿に
出して
あついよー
3に
入れる
そっと入れてね
6
まぜて
うどんにからめる
7
器に盛り、食べやすく
ちぎった焼きのりを
のせて完成!
できた!

レベル 1

入れてまぜて焼くだけ！

納豆チーズおやき

食べだしたら
止まらない！パパの
おつまみにも◎

作った日　おうちの人と

年　月　日

作った日　ひとりで

年　月　日

使う道具

- □ ボウル　□スプーン（大）
- □ 計量スプーン
- □ フライパン（中）
- □ フライ返し
- □ まな板　□包丁

材料（2枚分）

納豆（タレ付き）・2パック

ピザ用チーズ・大さじ4

ツナ缶・1缶

薄力粉・大さじ4

水・大さじ2

油・小さじ1を2回

お好みで青のりをふる

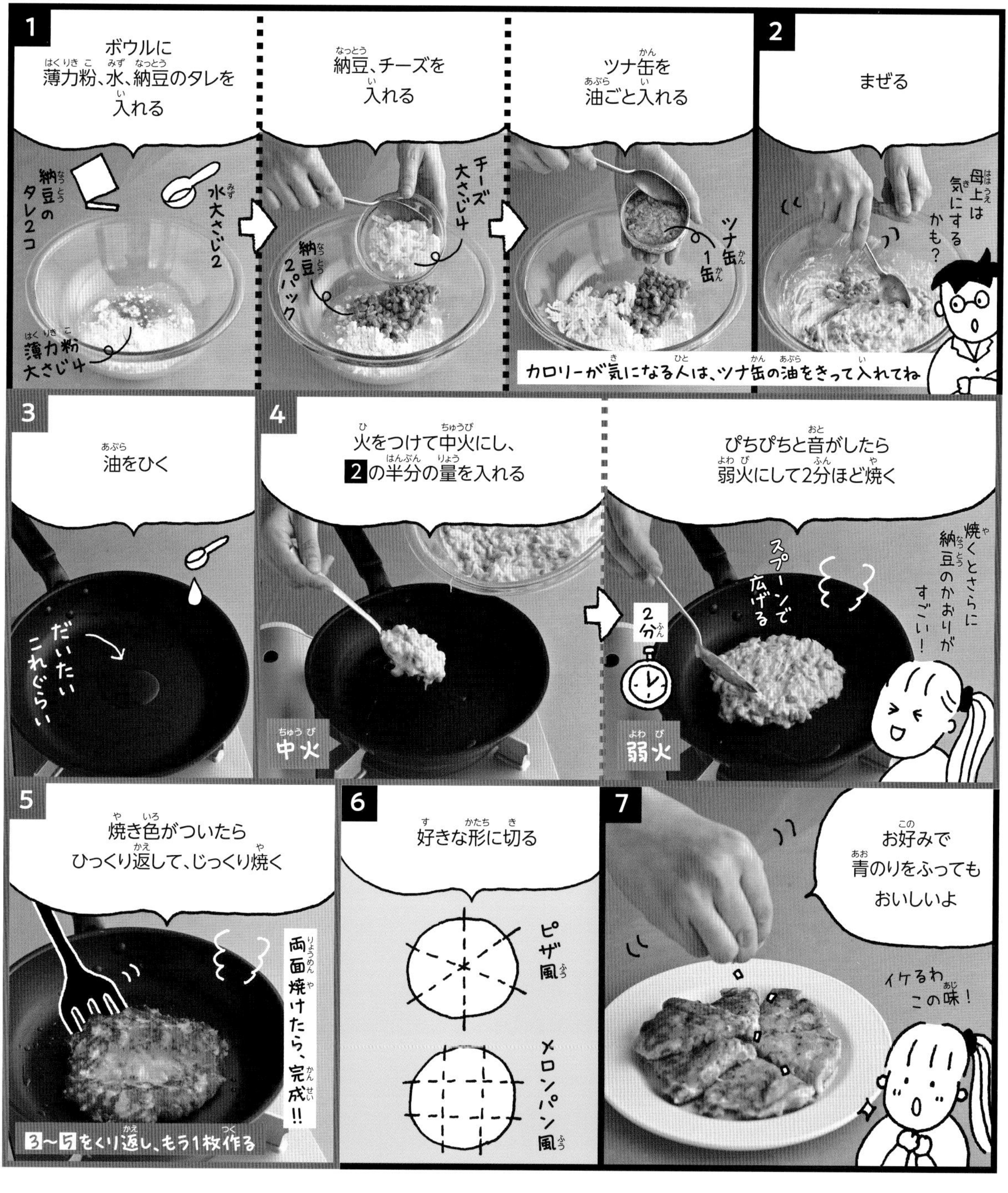
1
ボウルに薄力粉、水、納豆のタレを入れる
納豆のタレ2コ
水大さじ2
薄力粉大さじ4
納豆、チーズを入れる
チーズ大さじ4
納豆2パック
ツナ缶を油ごと入れる
ツナ缶1缶
2
まぜる
母上は気にするかも？
カロリーが気になる人は、ツナ缶の油をきって入れてね
3
油をひく
だいたいこれぐらい
4
火をつけて中火にし、2の半分の量を入れる
中火
ぴちぴちと音がしたら弱火にして2分ほど焼く
2分
スプーンで広げる
焼くとさらに納豆のかおりがすごい！
弱火
5
焼き色がついたらひっくり返して、じっくり焼く
両面焼けたら、完成!!
3〜5をくり返し、もう1枚作る
6
好きな形に切る
ピザ風
メロンパン風
7
お好みで青のりをふってもおいしいよ
イケるわこの味！

元気モリモリレシピ

レベル 2

なつかしの洋食メニューをお手軽に

ポークチャップ丼

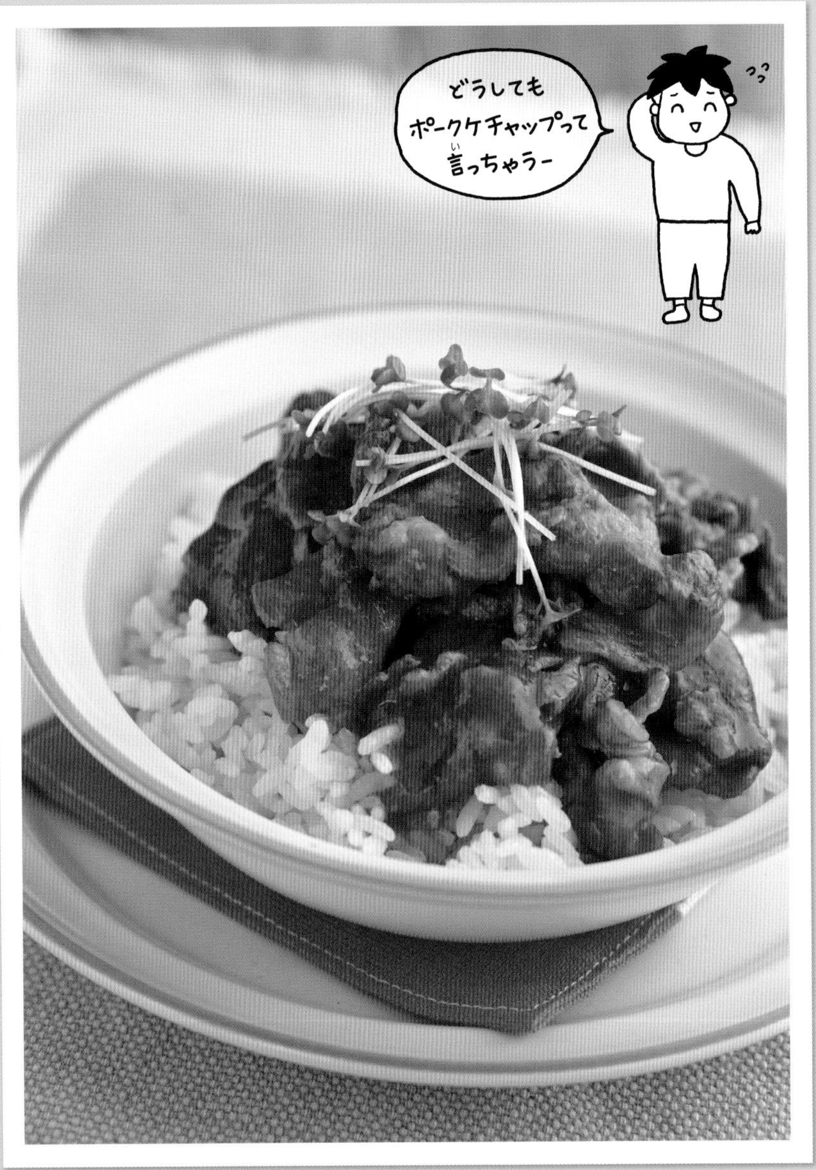
どうしても
ポークケチャップって
言っちゃう～

作った日 おうちの人と

年　月　日

作った日 ひとりで

年　月　日

使う道具

- □ ボウル
- □ 計量スプーン
- □ 容器
- □ さいばし
- □ フライパン（大）

材料（2～3人分）

- 豚肩ロース（うす切り）・300g～350g
- 塩、こしょう・少し
- 油・大さじ1
- 薄力粉・大さじ1

A
- ケチャップ・大さじ4
- ウスターソース・小さじ2
- しょうゆ・小さじ1
- 水・大さじ3

- ごはん・食べたい量

お好みでブロッコリー
スプラウトをのせる

1
豚肉を1枚ずつはがして、ボウルに入れる
豚ロースでもOK!
うす切り肉なら
2
薄力粉 大さじ1
塩、こしょう 少し
塩、こしょう、薄力粉を入れ…
豚肉にまぶす
このひと手間が照りを生むのじゃ
3
Aを容器に入れる
ソース 小さじ2
ケチャップ 大さじ4
水 大さじ3
しょうゆ 小さじ1
まぜる
4
油をひく
だいたいこれぐらい
5
豚肉を広げて入れてから、火をつけて中火にする
中火
6
焼き色がついたらひっくり返す
7
3を入れる
8
まぜながら2〜3分煮詰め、火を止める
全体に味がからむように
2〜3分
9
ごはんの上に8をかけ、お好みでブロッコリースプラウトをのせて、完成!
千切りキャベツも合うわ

レベル 2

ガーリックとバターのナイスコンビ！

ガリバタチキン

バターなしだと
テリヤキチキン
なのですね

作った日（おうちの人と）
年　月　日

作った日（ひとりで）
年　月　日

使う道具

- □ 計量スプーン
- □ 容器
- □ まな板
- □ 包丁
- □ フライパン（大）
- □ フライパンのフタ
- □ さいばし

材料（2～3人分）

- とりもも肉（カットしたもの）300g～350g
- パプリカ・半分
- 油・大さじ1
- バター・10g
- 塩、こしょう・少し

A
- しょうゆ、みりん、酒・各大さじ1
- さとう・小さじ1
- ニンニク（チューブ）・約4cm

お好みでごはん、レタスをそえる

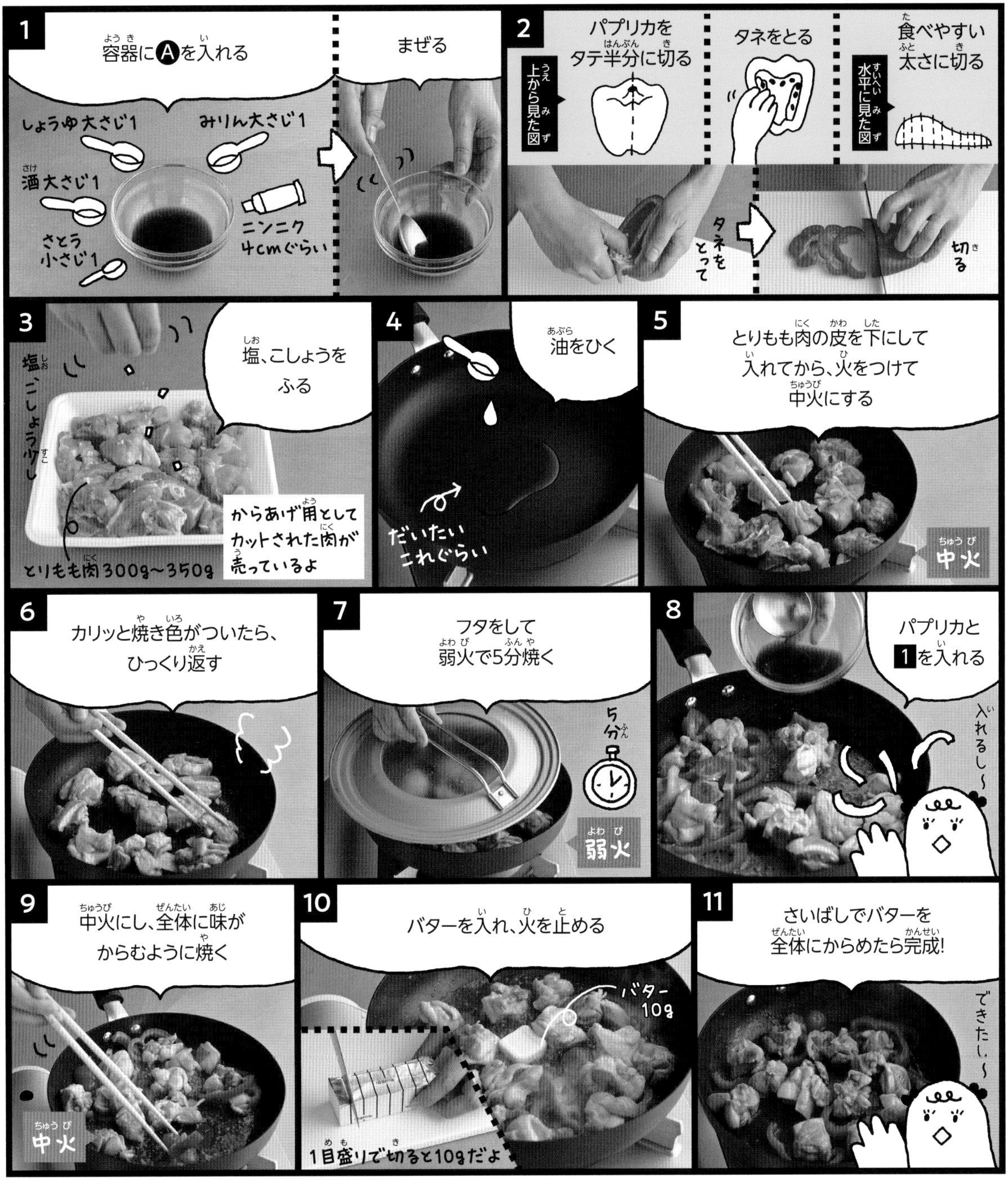
1
容器にAを入れる
まぜる
しょうゆ大さじ1
みりん大さじ1
酒大さじ1
さとう小さじ1
ニンニク4cmぐらい
2
パプリカをタテ半分に切る
上から見た図
タネをとる
食べやすい太さに切る
水平に見た図
タネをとって
切る
3
塩、こしょうをふる
塩、こしょう少し
からあげ用としてカットされた肉が売っているよ
とりもも肉300g〜350g
4
油をひく
だいたいこれぐらい
5
とりもも肉の皮を下にして入れてから、火をつけて中火にする
中火
6
カリッと焼き色がついたら、ひっくり返す
7
フタをして弱火で5分焼く
5分
弱火
8
パプリカと1を入れる
入れるし〜
9
中火にし、全体に味がからむように焼く
中火
10
バターを入れ、火を止める
バター10g
1目盛りで切ると10gだよ
11
さいばしでバターを全体にからめたら完成!
できたし〜

レベル 3

たんぱく質やビタミン類も豊富

とりささみのピカタ

Piccataは
イタリア生まれの
料理なのさっ

作った日 おうちの人と

年　月　日

作った日 ひとりで

年　月　日

使う道具

- □ キッチンペーパー
- □ まな板 □ フォーク
- □ 茶こし □ ボウル
- □ フライパン（大）
- □ トングか、さいばし
- □ フライパンのフタ

材料（約3人分）

- とりささみ・6本
- たまご・1コ
- 油・大さじ2
- 薄力粉・大さじ1
- 塩・ふたつまみ
- こしょう・少し

お好みでベビーリーフ、ケチャップをそえる

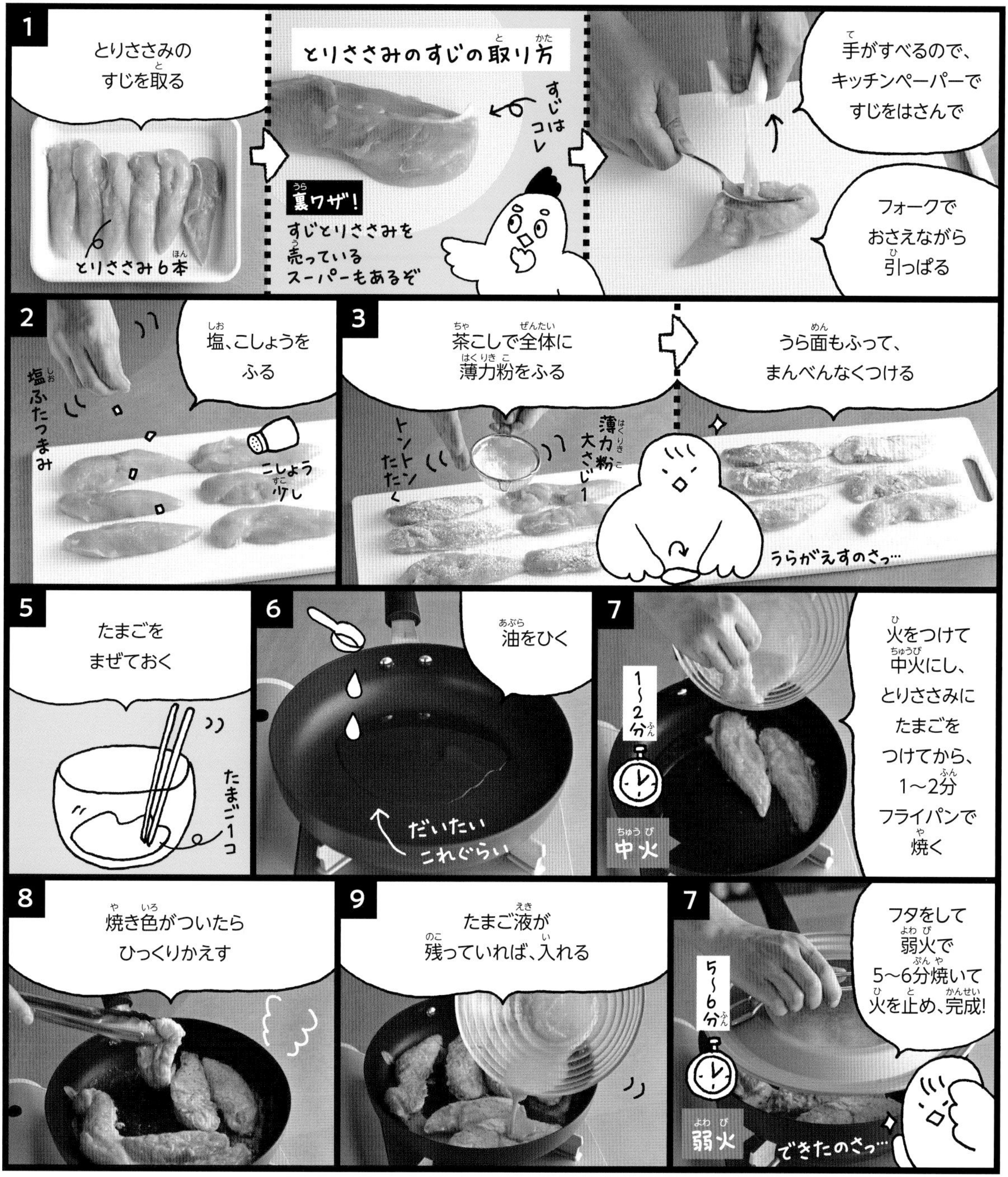
1
とりささみの
すじを取る
とりささみ６本
とりささみのすじの取り方
すじはコレ
裏ワザ！
すじとりささみを
売っている
スーパーもあるぞ
手がすべるので、
キッチンペーパーで
すじをはさんで
フォークで
おさえながら
引っぱる
2
塩、こしょうを
ふる
塩ふたつまみ
こしょう少し
3
茶こしで全体に
薄力粉をふる
トントンたたたく
薄力粉大さじ1
うら面もふって、
まんべんなくつける
うらがえすのさっ…
5
たまごを
まぜておく
たまご1コ
6
油をひく
だいたいこれぐらい
7
火をつけて
中火にし、
とりささみに
たまごを
つけてから、
1〜2分
フライパンで
焼く
1〜2分
中火
8
焼き色がついたら
ひっくりかえす
9
たまご液が
残っていれば、入れる
7
フタをして
弱火で
5〜6分焼いて
火を止め、完成！
5〜6分
弱火
できたのさっ…

レベル 3

オリーブオイルとニンニクの煮込み料理

鮭のアヒージョ

情熱の国
スペインの
料理じゃ!

作った日 おうちの人と

年　月　日

作った日 ひとりで

年　月　日

使う道具

- □ まな板
- □ ピーラー（皮むき器）
- □ 包丁 □ ボウル
- □ キッチンペーパー
- □ スキレットか、フライパン（小）

材料（作りやすい分量）

- 鮭（切り身）・2切れ
- じゃがいも・1コ
- しめじ・1パック
- ニンニク（チューブ）・約4cm
- 塩・小さじ1／2
- オリーブオイル・200ml

お好みでバケットをそえる

1
じゃがいもの皮をむく
芽があれば取りのぞく
まな板において、しっかりおさえながらむこう
毒素があるよ
2
タテ半分に切る
上から見た図
切った面をふせて、さらに半分に切る
水平に見た図
一口サイズに切る
上から見た図
3
水にさらして…
キッチンペーパーでしっかり水気をふく
4
しめじは石づきを切り…
ここが石づき
ほぐしておく
たのし～
5
鮭は4等分に切る
6
ニンニクを入れる
ニンニク4cmぐらい
7
じゃがいもを入れる
8
オリーブオイルを入れて、火をつけ中火にする
オリーブオイルひたひたくらい
中火
9
ふつふつしたら弱火にして5分ほど煮る
5分
弱火
10
しめじと鮭、塩を入れる
塩小さじ1/2
2～3分後
鮭をひっくり返し、色が変われば完成
11
火を止め、バケットにのせていただきま～す!
おいし～

レベル3

お肉と一緒なら、きのこもススム！

プルコギ野菜巻き

作った日 おうちの人と
年　月　日

作った日 ひとりで
年　月　日

韓国語で
「プル＝火」「コギ＝肉」
という意味なのじゃ

使う道具

□ まな板 □ 包丁
□ フライパン（大）
□ 計量スプーン □ さいばし

材料（約4人分）

牛肉
（切りおとしか、こま切れ）
・250g〜300g

えのきだけ
・1パック

まいたけ
・1パック

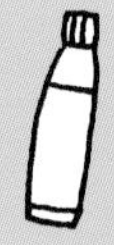

ニンニク
（チューブ）
・約3cm

ごま油・大さじ2
焼肉のタレ・大さじ3
さとう・小さじ2

お好みでサンチュ、きゅうり、ミニトマトをそえる

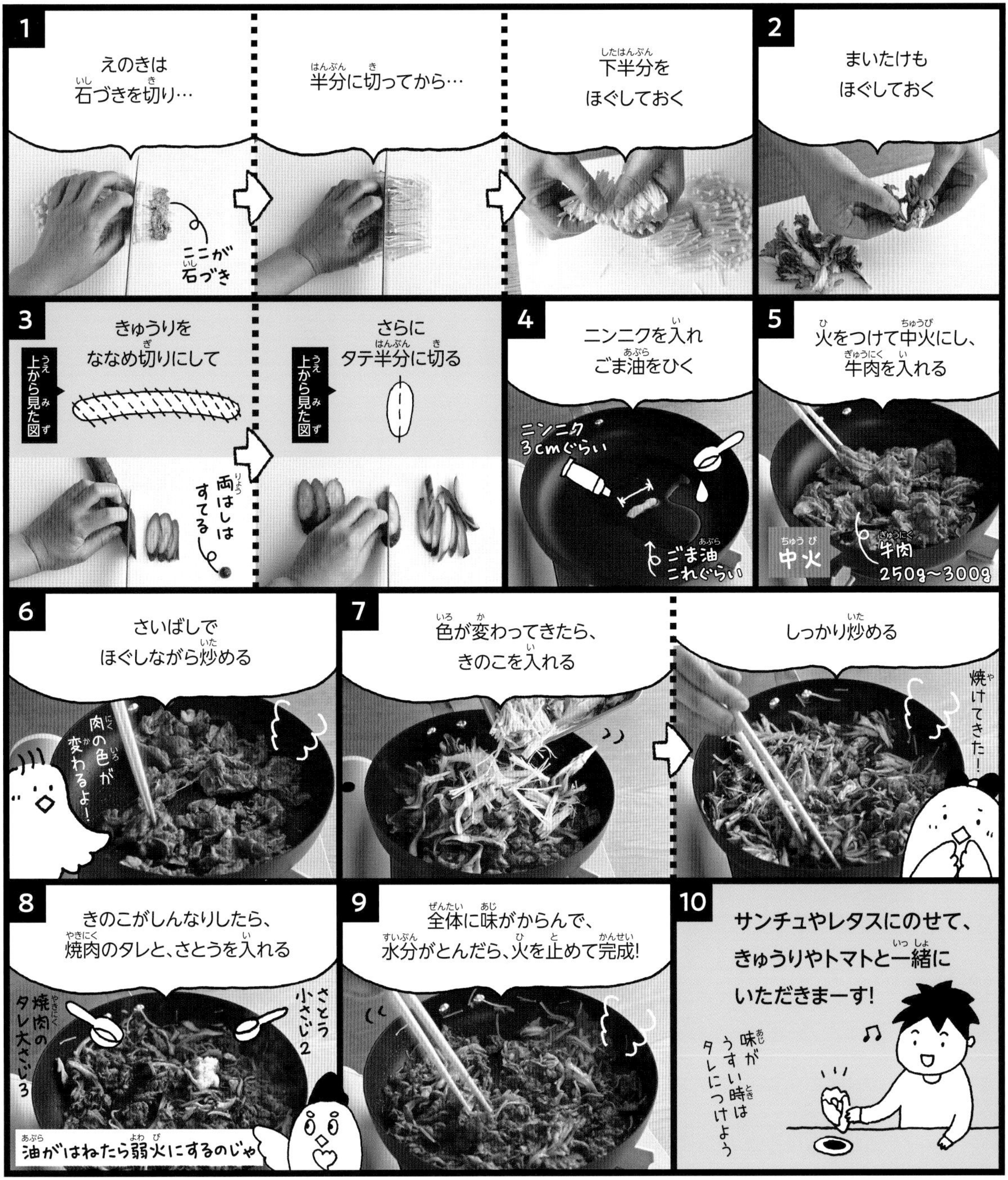
1
えのきは石づきを切り…
ここが石づき
半分に切ってから…
下半分をほぐしておく
2
まいたけもほぐしておく
3
きゅうりをななめ切りにして
上から見た図
両はしはすてる
さらにタテ半分に切る
上から見た図
4
ニンニクを入れごま油をひく
ニンニク3cmぐらい
ごま油これぐらい
5
火をつけて中火にし、牛肉を入れる
中火
牛肉250g〜300g
6
さいばしでほぐしながら炒める
肉の色が変わるよ!
7
色が変わってきたら、きのこを入れる
しっかり炒める
焼けてきた!
8
きのこがしんなりしたら、焼肉のタレと、さとうを入れる
焼肉のタレ大さじ3
さとう小さじ2
油がはねたら弱火にするのじゃ
9
全体に味がからんで、水分がとんだら、火を止めて完成!
10
サンチュやレタスにのせて、きゅうりやトマトと一緒にいただきまーす!
味がうすい時はタレにつけよう

4コマ劇場

カトリーヌとゆかいな仲間たち

母の味は、量れない

なな&りさママ
なな&りさ
ママの肉じゃが大好きー。
おいしいよねー
しょうゆとかみりん、どのくらい入れるの？
大さじ何はい？
てきとう、てきとう！
あとは愛情たっぷり
「てきとう」じゃ自分で作れないよー
お手伝い担当↓
味見担当↓
うん、ウマイ
それから数年後のりさちゃんは…
けっこう舌がおぼえてるのよね〜
てきとう、てきとうっと…

星にねがいを

はるとママ
明日のお昼ごはんは、ぼくにまかせて！
えっ いいのー!?
うれしいんだけど、心配なことが…
どうか料理のあと片付けもしてくれますように！
翌日
おいしくできた！
すごーい！
キッチンもきれいにしてくれた！
えらーい！
だけど、いつもとちがうところに片付けてるよねー！
さとう、どこー!?
しお、どこー!?
ざんねん

パーティーの日も、おまかせください!

お祝いメニュー

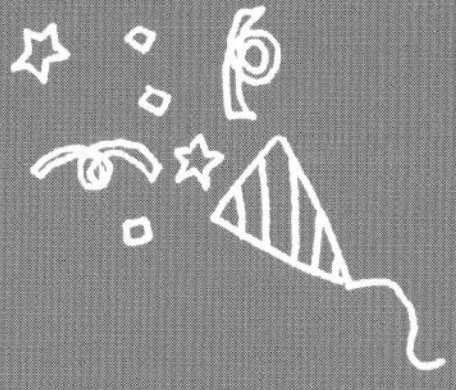

家族のたんじょう日や母の日・父の日は、

料理のプレゼントでよろこんでもらうチャンス!

とくべつな日のメニューは少しいつもより腕をふるって

パーティーメニューにチャレンジしてみよう。

でも安心してください! 「ぼくキング」は小学生の味方。

豪華にみえる! 遊びごころもある! でもかんたん!

三拍子そろった、夢のようなレシピで

家族みんな、大満足まちがいなし!

ママのおたんじょう日に
びっくりさせたいな!

レベル 2

アレンジがきく、ナイスなコンビ！

マッシュポテト＆ハンバーガー

ハンバーグとマッシュポテトのワンプレートもいいですね
ぼくはスペシャルキングバーガーにしますっ

マッシュポテト

作った日　おうちの人と
年　月　日

作った日　ひとりで
年　月　日

ハンバーガー

作った日　おうちの人と
年　月　日

作った日　ひとりで
年　月　日

マッシュポテト

使う道具

- □ 食品用ラップフィルム
- □ 耐熱ボウル
- □ 電子レンジ
- □ キッチンペーパー
- □ フォーク（あればマッシャー）
- □ 計量スプーン
- □ ゴムべら
- □ スプーン
- □ 竹串

材料（作りやすい分量）

じゃがいも・2コ

A

- マヨネーズ・大さじ3
- 塩・ふたつまみ
- こしょう・少し
- ニンニク（チューブ）・約1cm

お好みでクラッカーにのせる

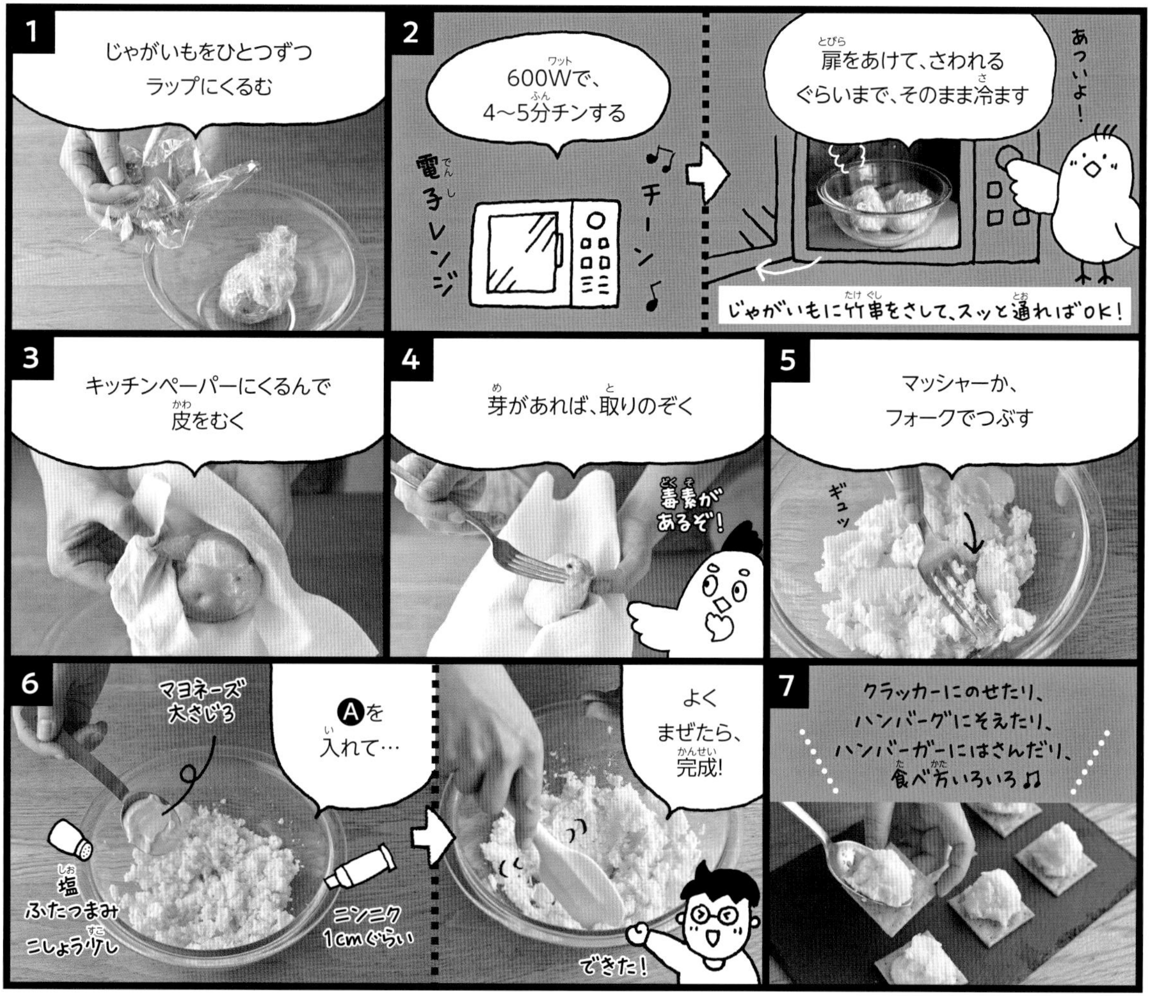

1
じゃがいもをひとつずつラップにくるむ
2
600Wで、4〜5分チンする
電子レンジ
チーン
扉をあけて、さわれるぐらいまで、そのまま冷ます
あっいよ！
じゃがいもに竹串をさして、スッと通ればOK！
3
キッチンペーパーにくるんで皮をむく
4
芽があれば、取りのぞく
毒素があるぞ！
5
マッシャーか、フォークでつぶす
ギュッ
6
マヨネーズ大さじ3
塩ふたつまみ
こしょう少し
ニンニク1cmぐらい
Aを入れて…
よくまぜたら、完成！
できた！
7
クラッカーにのせたり、ハンバーグにそえたり、ハンバーガーにはさんだり、食べ方いろいろ♫

ハンバーガー

使う道具

- □ フライパン
- □ ボウル
- □ 計量スプーン
- □ フライ返し
- □ フライパンのフタ
- □ まな板　□ 包丁

材料（4コ分）

- 合いびき肉・約400g
- バンズ・4コ
- 油・大さじ1

A

- マヨネーズ・大さじ2
- ウスターソース・大さじ2
- パン粉・大さじ4
- 塩、こしょう・少し

はさむものや調味料を最初に用意してから、スタート！

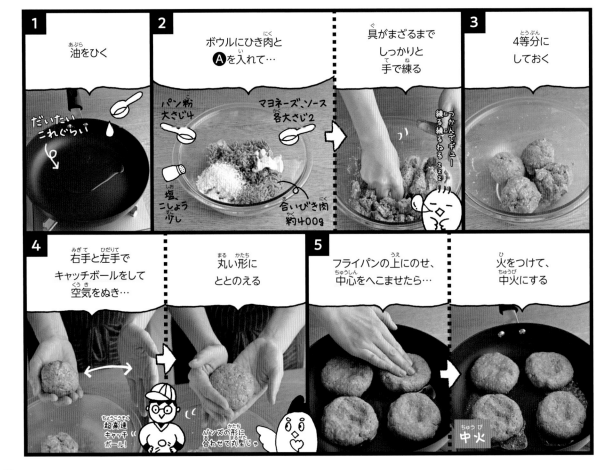

1 油をひく

2 ボウルにひき肉とAを入れて…

具がまざるまでしっかりと手で練る

3 4等分にしておく

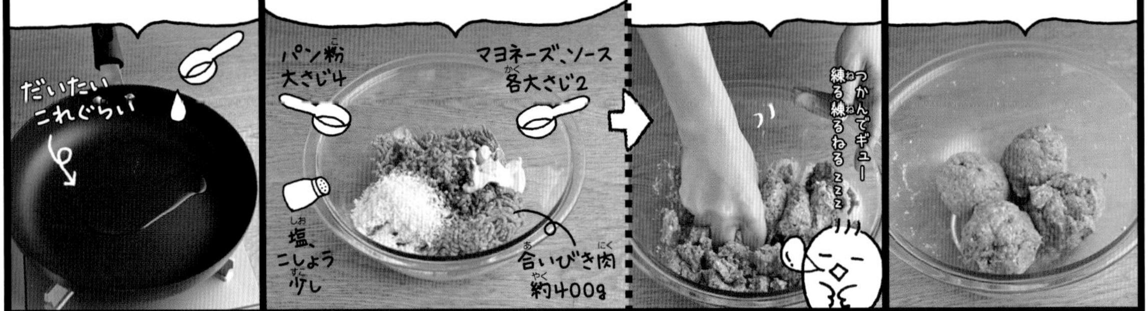

だいたいこれぐらい
パン粉大さじ4
マヨネーズ、ソース各大さじ2
塩、こしょう少し
合いびき肉400g
つかんでギュー
練る練るねるねzzz

4 右手と左手でキャッチボールをして空気をぬき…

丸い形にととのえる

5 フライパンの上にのせ、中心をへこませたら…

火をつけて、中火にする

超高速キャッチボール!
バンズの形に合わせて丸型じゃ
中火

6
焼き色がついたら
ひっくり返す
このあたりの色が
変わるのが合図じゃ

7
フタをして
弱火で7〜8分焼く
7〜8分
弱火

8
火を止めて、
ハンバーグの
完成!

残った油にケチャップとソースを入れて弱火で煮立たせると、簡単デミソースさっ!

好きなものをはさんで Uki☆Uki

ハンバーガーパーティー

トマト&レタス　　**アボカド&チーズ**

バンズはトースターで軽く焼いておこう

ケチャップ

ハンバーグ

アボカドの切り方はP70を見てね

ハンバーグ

スライスチーズ

ケチャップ

トマトはヘタを取り…

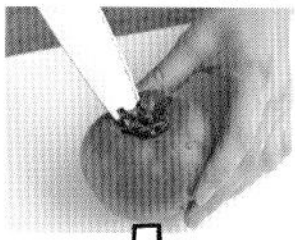

スライス

レタスはちぎる

こっちもいいし　こっちもすてがたい

味もいろいろ用意しよう!

ケチャップ　マヨネーズ　粒マスタード

他にもいろいろトッピングー!!

パイナップルスライス　オニオンスライス　目玉焼き　マッシュポテト

レベル 3

ホットプレートで！リッチなステーキパーティー

カプレーゼ＆サイコロステーキプレート

みんなでまぜると楽しさアップじゃ
次ぼく〜

カプレーゼ

作った日 年 月 日 おうちの人と

作った日 年 月 日 ひとりで

サイコロステーキプレート

作った日 年 月 日 おうちの人と

作った日 年 月 日 ひとりで

カプレーゼ

使う道具

- □まな板 □包丁
- □ピックか、つまようじ
- □計量スプーン
- □容器
- □ミニ泡立て器（あれば）

材料（作りやすい分量）

- モッツアレラチーズ（一口サイズ）・1袋
- ミニトマト・チーズと同じ数
- しその葉・2〜3枚
- オリーブオイル・大さじ1

A
- レモン汁・小さじ1
- 塩・ふたつまみ
- こしょう・少し

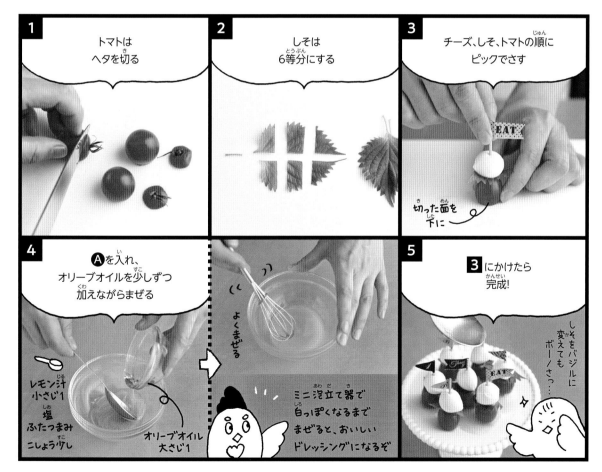

1 トマトはヘタを切る

2 しそは6等分にする

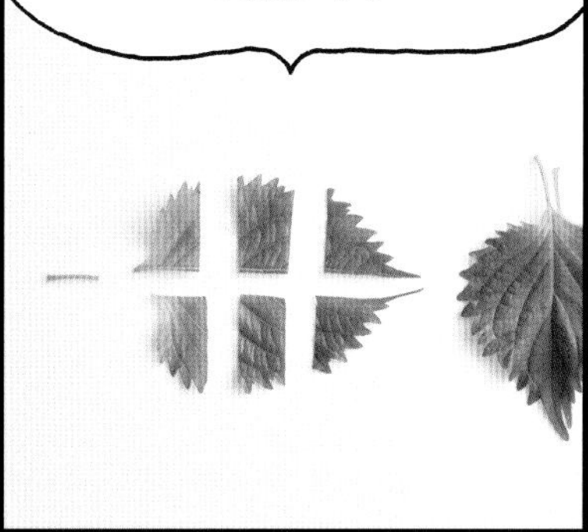

3 チーズ、しそ、トマトの順にピックでさす

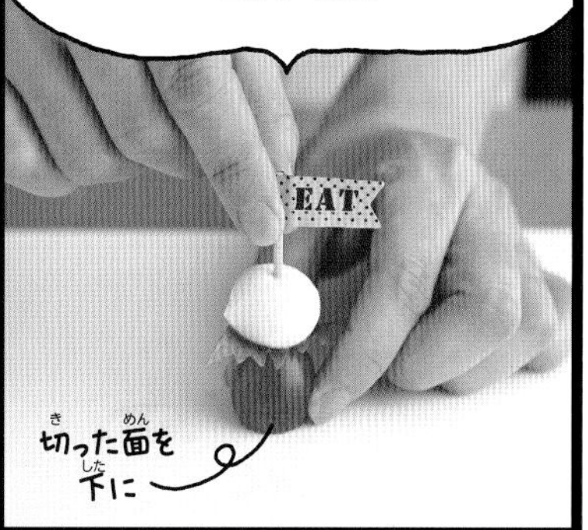
EAT
切った面を下に

4 Aを入れ、オリーブオイルを少しずつ加えながらまぜる

レモン汁小さじ1
塩ふたつまみ
こしょう少し
オリーブオイル大さじ1

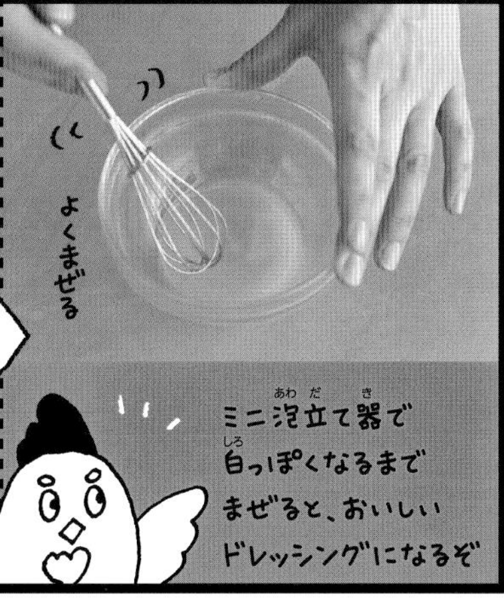
よくまぜる
ミニ泡立て器で白っぽくなるまでまぜると、おいしいドレッシングになるぞ

5 3にかけたら完成!

EAT
しそをバジルに変えてもボーノさっ…

サイコロステーキプレート

使う道具

- □まな板 □包丁 □フォーク
- □ボウル □トングか、さいばし
- □計量スプーン □ホットプレート
- □キッチンペーパー
- □ご飯用のボウル □しゃもじ
- □耐熱のサーバーか、へら

材料（4人分）

- 牛肉（ステーキ用）・2〜3枚
  ※牛の切り落とし（約400g）でもOK!
- 焼肉のタレ・大さじ3
- ニンニク（チューブ）・約3cm
- ごはん・4人分
- コーン（缶）・1缶
- 小ネギ・1束
- 油・大さじ1
- バター・20g

お好みで黒こしょうをふる

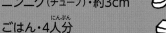

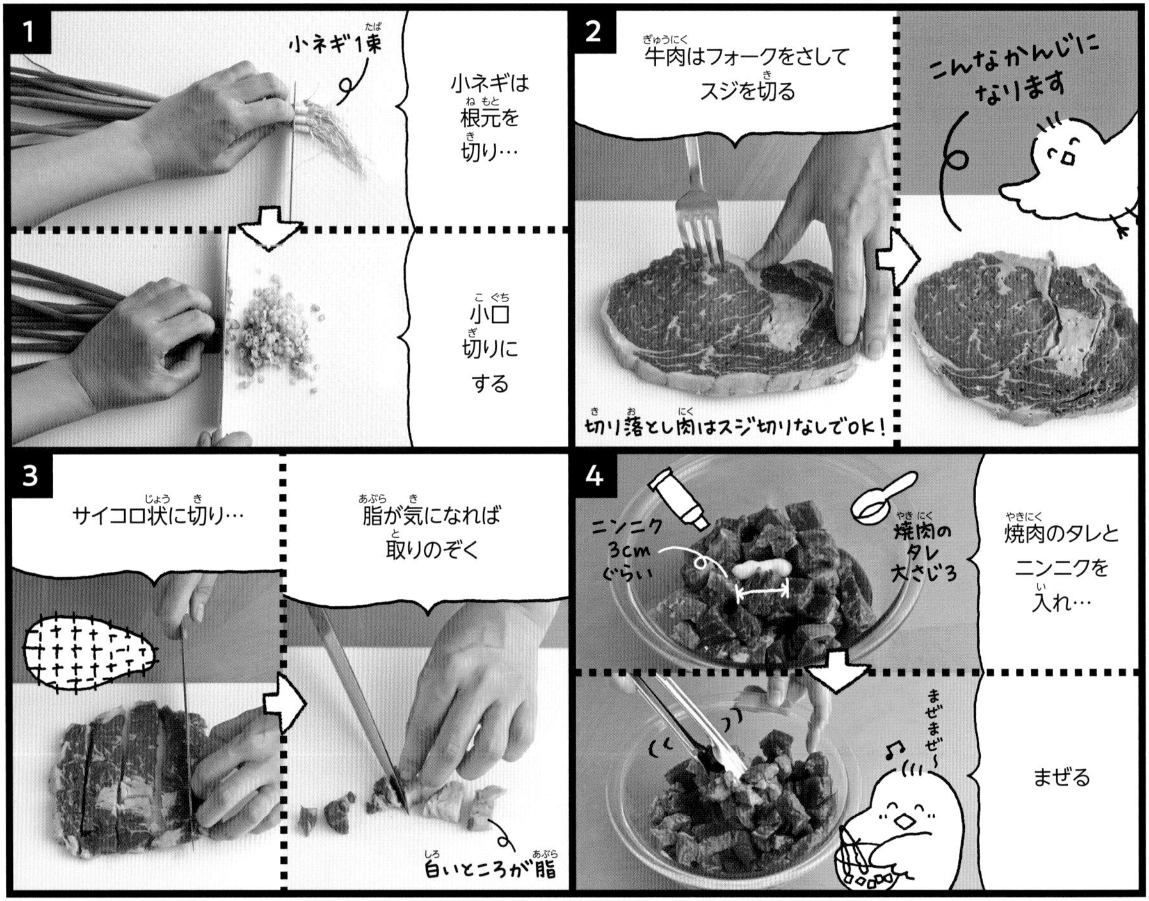
1
小ネギ1束
小ネギは根元を切り…
小口切りにする
2
牛肉はフォークをさしてスジを切る
こんなかんじになります
切り落とし肉はスジ切りなしでOK!
3
サイコロ状に切り…
脂が気になれば取りのぞく
白いところが脂
4
ニンニク 3cmぐらい
焼肉のタレ 大さじ3
焼肉のタレとニンニクを入れ…
まぜまぜ〜
まぜる

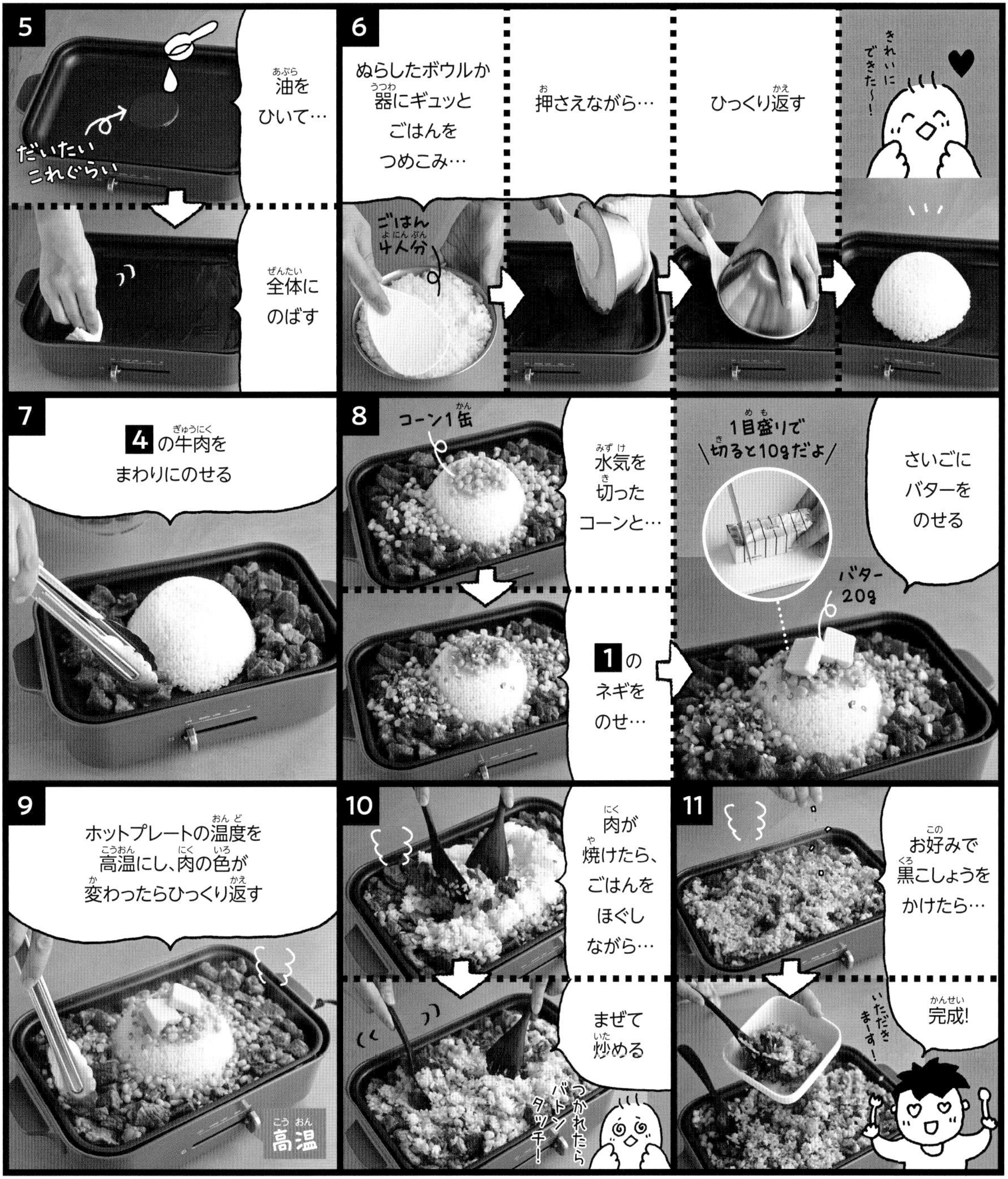
5
油をひいて…
だいたいこれぐらい
全体にのばす
6
ぬらしたボウルか器にギュッとごはんをつめこみ…
ごはん4人分
押さえながら…
ひっくり返す
きれいにできた〜！
7
4の牛肉をまわりにのせる
8
コーン1缶
水気を切ったコーンと…
1のネギをのせ…
1目盛りで切ると10gだよ
さいごにバターをのせる
バター20g
9
ホットプレートの温度を高温にし、肉の色が変わったらひっくり返す
高温
10
肉が焼けたら、ごはんをほぐしながら…
まぜて炒める
つかれたらバトンタッチ！
11
お好みで黒こしょうをかけたら…
完成!
いただきまーす！

レベル 3

くるくる巻いたら、お花に変身！

茶わん蒸し＆お花の寿司ケーキ

食べられる
お花のプレゼント！
母の日に
作ってあげよ〜！
かわいい〜

茶わん蒸し

おうちの人と

作った日

年　月　日

ひとりで

作った日

年　月　日

お花の寿司ケーキ

おうちの人と

作った日

年　月　日

ひとりで

作った日

年　月　日

茶(ちゃ)わん蒸(む)し

使(つか)う道具(どうぐ)

- □ まな板(いた)
- □ 包丁(ほうちょう)
- □ 耐熱容器(たいねつようき)
- □ ボウル2コ
- □ 計量(けいりょう)スプーン
- □ 計量(けいりょう)カップ
- □ ざる
- □ さいばし
- □ おたま
- □ キッチンばさみ
- □ アルミホイル
- □ フライパン(大)
- □ フライパンのフタ
- □ キッチンペーパー

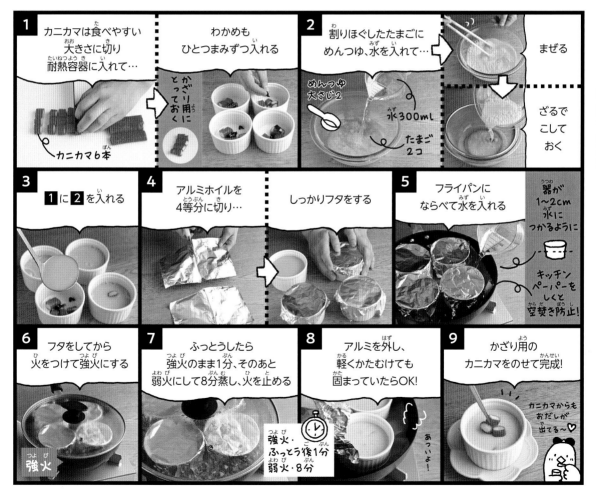

器(うつわ)が入(はい)るなべでもOK

材料(ざいりょう)（4コ分(ぶん)）

- たまご・2コ
- カニカマ・6本(ぽん)
- 乾燥(かんそう)わかめ・4つまみ
- 水(みず)・300ml
- めんつゆ(2倍希釈(ばいきしゃく))・大さじ2

蒸(む)す時(とき)の水(みず)は別(べつ)で必要(ひつよう)じゃ

1 カニカマは食(た)べやすい大(おお)きさに切(き)り耐熱容器(たいねつようき)に入(い)れて…

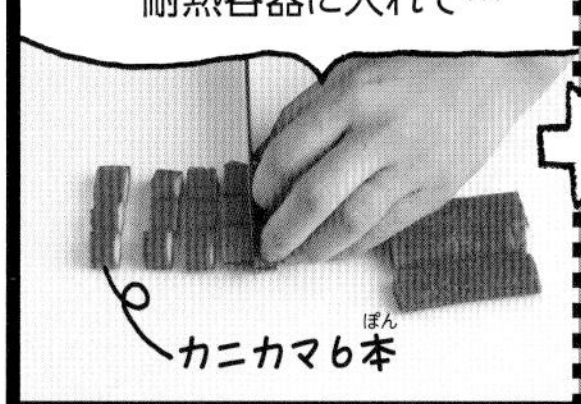
カニカマ6本(ぽん)

わかめもひとつまみずつ入(い)れる

かざり用(よう)にとっておく

2 割(わ)りほぐしたたまごにめんつゆ、水(みず)を入(い)れて…

めんつゆ大さじ2
水(みず)300ml
たまご2コ

まぜる

ざるでこしておく

3 1に2を入(い)れる

4 アルミホイルを4等分(とうぶん)に切(き)り…

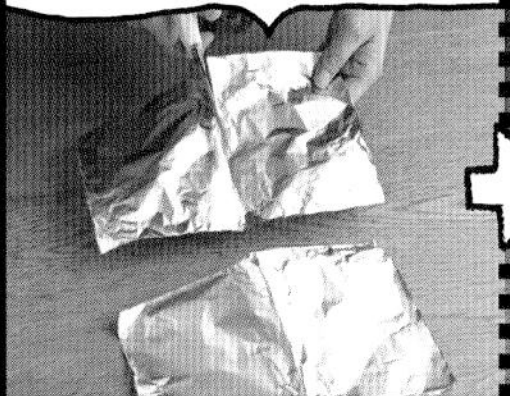

しっかりフタをする

5 フライパンにならべて水(みず)を入(い)れる

器(うつわ)が1〜2cm水(みず)につかるように

キッチンペーパーをしくと空焚(からだ)き防止(ぼうし)!

6 フタをしてから火(ひ)をつけて強火(つよび)にする

強火(つよび)

7 ふっとうしたら強火(つよび)のまま1分(ぷん)、そのあと弱火(よわび)にして8分蒸(ぷんむ)し、火(ひ)を止(と)める

強火(つよび)・ふっとう後(ご)1分(ぷん)
弱火(よわび)・8分(ぷん)

8 アルミを外(はず)し、軽(かる)くかたむけても固(かた)まっていたらOK!

9 かざり用(よう)のカニカマをのせて完成(かんせい)!

カニカマからもおだしが出(で)てる〜♡

お祝いメニュー

お花の寿司ケーキ

使う道具

- □ボウル □しゃもじ □うちわ □まな板
- □包丁 □牛乳パック □キッチンばさみ
- □セロハンテープ □ピーラー(皮むき器)
- □バット □食品用ラップフィルム
- □さいばし □スプーン

材料(4人分)

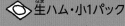

- ごはん・2合分
- すし酢・大さじ4
- 鮭フレーク・1瓶(50g)
- アボカド・1コ
- 生ハム・小1パック
- スモークサーモン・1パック
- きゅうり・1本

お好みでいくらをのせる

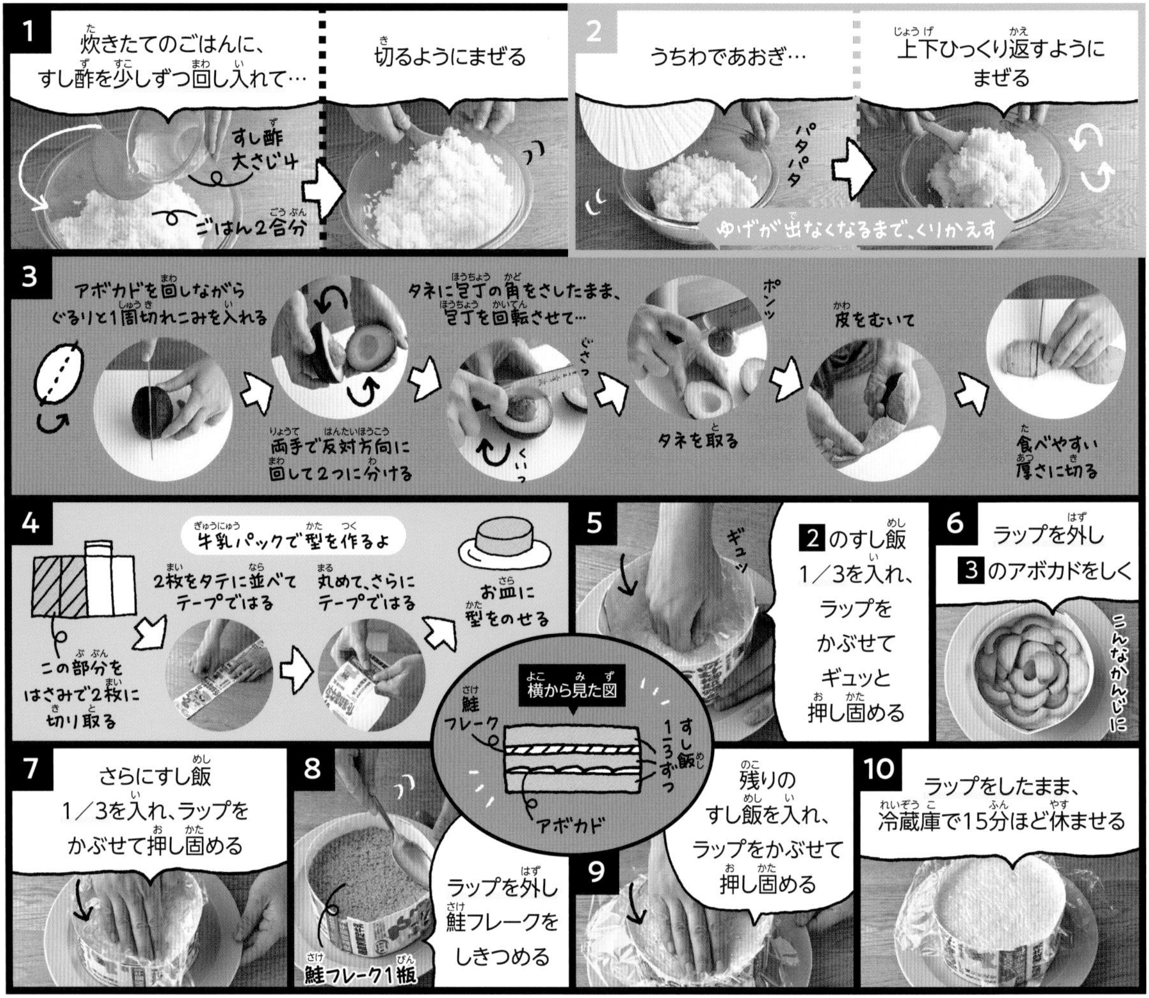

1 炊きたてのごはんに、すし酢を少しずつ回し入れて…
すし酢 大さじ4
ごはん2合分
切るようにまぜる
2 うちわであおぎ…
パタパタ
上下ひっくり返すようにまぜる
ゆげが出なくなるまで、くりかえす
3 アボカドを回しながらぐるりと1周切れこみを入れる
両手で反対方向に回して2つに分ける
タネに包丁の角をさしたまま、包丁を回転させて…
ざくっ
くいっ
ポンッ
タネを取る
皮をむいて
食べやすい厚さに切る
4 牛乳パックで型を作るよ
この部分をはさみで2枚に切り取る
2枚をタテに並べてテープではる
丸めて、さらにテープではる
お皿に型をのせる
5 2のすし飯1/3を入れ、ラップをかぶせてギュッと押し固める
ギュッ
横から見た図
鮭フレーク
すし飯1/3ずつ
アボカド
6 ラップを外し 3のアボカドをしく
こんなかんじに
7 さらにすし飯1/3を入れ、ラップをかぶせて押し固める
8 ラップを外し鮭フレークをしきつめる
鮭フレーク1瓶
9 残りのすし飯を入れ、ラップをかぶせて押し固める
10 ラップをしたまま、冷蔵庫で15分ほど休ませる

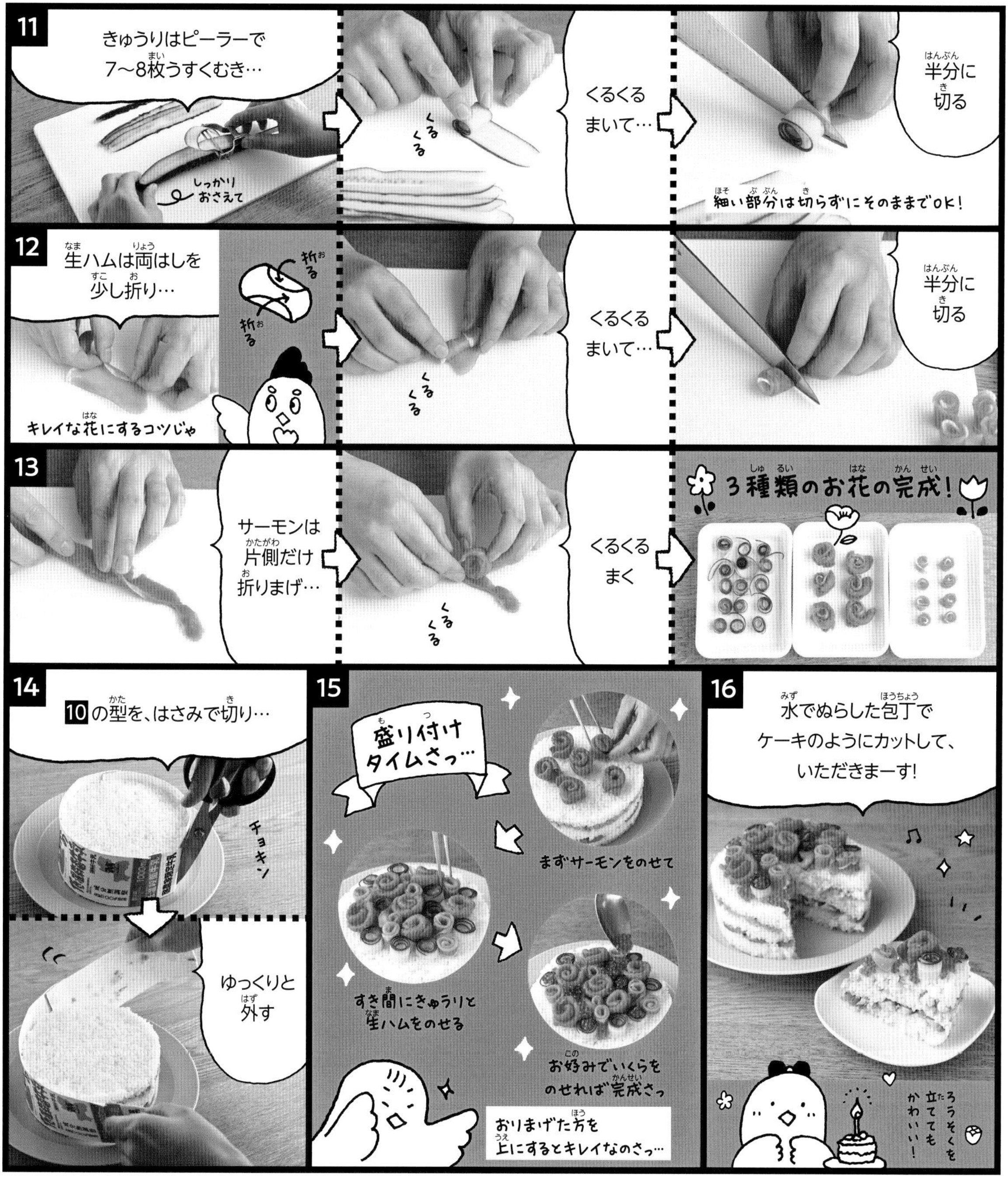
11
きゅうりはピーラーで
7〜8枚うすくむき…
しっかりおさえて
くるくる
くるくる
まいて…
半分に
切る
細い部分は切らずにそのままでOK!
12
生ハムは両はしを
少し折り…
折る
折る
キレイな花にするコツじゃ
くるくる
くるくる
まいて…
半分に
切る
13
サーモンは
片側だけ
折りまげ…
くるくる
くるくる
まく
3種類のお花の完成!
14
10の型を、はさみで切り…
チョキン
ゆっくりと
外す
15
盛り付けタイムさっ…
まずサーモンをのせて
すき間にきゅうりと
生ハムをのせる
お好みでいくらを
のせれば完成さっ
おりまげた方を
上にするとキレイなのさっ…
16
水でぬらした包丁で
ケーキのようにカットして、
いただきまーす!
ろうそくを
立てても
かわいい!

＼もっとパーティーが盛り上がる！／

100円アイテムを使ったテーブルコーデ

モノトーンでまとめてかっこよく！

Monochrome Tone

ペーパーナプキン
白×黒でシンプルに！

ガーランド
ホワイトマーカーで自由に
メッセージが書き込めるよ

ペーパークラウン
主役は誰だ！？

風船
誰が早くふくらませるか
競争しても楽しそう！

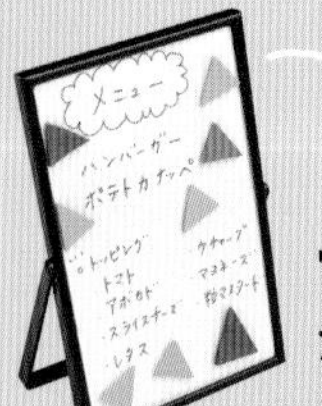

フォトスタンド
メニュー表を
手作りしちゃおう！

ひげシール

＋

ストロー

＝

フォトプロップス風ストローの完成！

＼ひげは黒い紙をカットしても◎／

パーティーといえば、テーブルや部屋全体の飾り付けも大事なポイント。
100円ショップで買えるアイテムを使った、テーブルコーディネートを紹介するよ!
モノトーンでシックに? パステルでキュートに?
家にあるものと組み合わせながら、色のバランスを楽しんでみてね。

Pastel Colour

パステルカラーでゆめかわコーデ

クラッカー
定番小物もかわいさ重視

ハニカムボール
壁や天井にぶら下げて、お部屋を華やかに!

ペーパーファン

ペーパークラウン
みんなでかぶってワイワイパーティー

リボンストロー
女子会が盛り上がりそう!

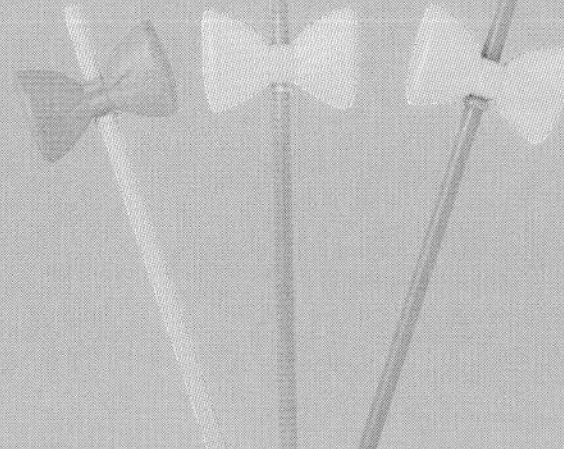

テーブルコーデ

マスキングテープで、オリジナルピックを作ろう

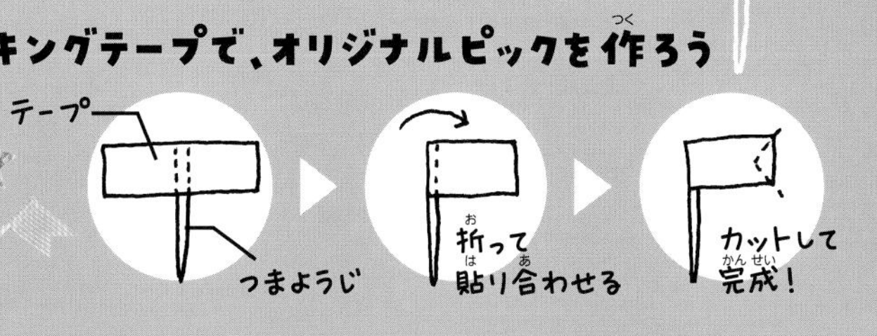
テープ
つまようじ
折って貼り合わせる
カットして完成!

4コマ劇場

カトリーヌとゆかいな仲間たち

ツノが立つまで

バレンタイン

食べすぎ注意！

3時のおやつも自分で！レシピ

手作りのおやつって、ひと味もふた味もちがう。

けれど、忙しいお母さんにはハードルが高いんです。

それなら、子ども自身で作ってしまえば、みんなハッピー！

フライドポテトが少しの油で作れる!?

手間がかかる2層ゼリーがかんたんに!?

おやつにも、びっくりアイデアがいっぱい。

おともだちにプレゼントしたい！そんな時にも使える

かわいいスイーツも紹介しているよ。

OYATSU
TIME

じゃあ
ぼくが
もーらい！
カンゲキー！
かわいすぎて
食べられなーい
ちょっと！

レベル 1

ひんや〜り＆ジューシー

フルーツシャーベット

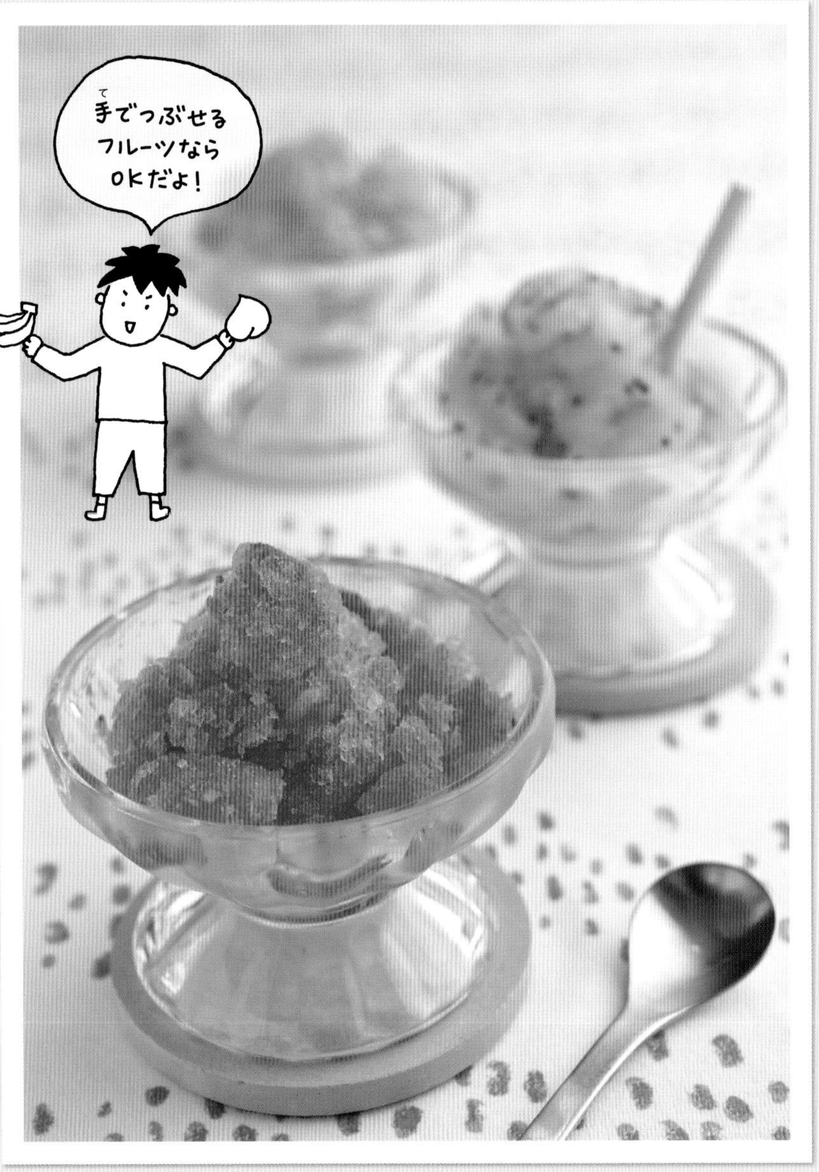
手でつぶせる
フルーツなら
OKだよ！

作った日　おうちの人と

年　月　日

作った日　ひとりで

年　月　日

使う道具

- □ 計量スプーン
- □ 耐熱容器・2コ
- □ 電子レンジ　□ まな板
- □ 包丁　□ スプーン
- □ チャック付き保存袋

材料（作りやすい分量）

生フルーツ1種類ごとに
Ⓐを1つずつ用意してね！

- キウイ・1コ ＋ Ⓐ
- いちご・100g ＋ Ⓐ
- みかんの缶詰・1缶

Ⓐ
- さとう・大さじ1
- 水・大さじ3
- レモン汁・小さじ1

缶詰で作る場合Ⓐはなし

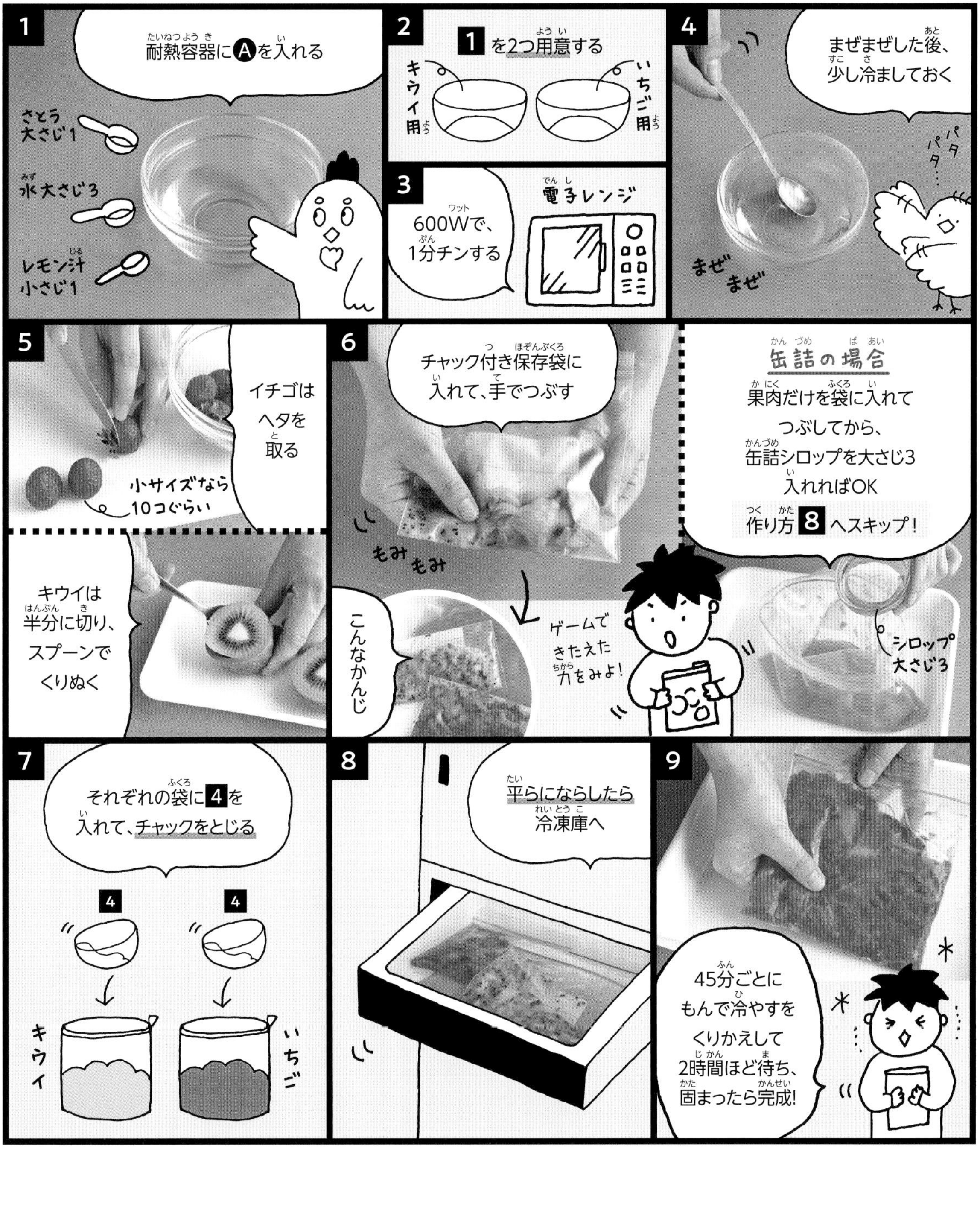
1
耐熱容器にⒶを入れる
さとう大さじ1
水大さじ3
レモン汁小さじ1
2
1を2つ用意する
キウイ用
いちご用
3
600Wで、1分チンする
電子レンジ
4
まぜまぜした後、少し冷ましておく
パタパタ…
まぜまぜ
5
イチゴはヘタを取る
小サイズなら10コぐらい
キウイは半分に切り、スプーンでくりぬく
6
チャック付き保存袋に入れて、手でつぶす
もみもみ
こんなかんじ
ゲームできたえた力をみよ！
缶詰の場合
果肉だけを袋に入れてつぶしてから、缶詰シロップを大さじ3入れればOK
作り方8へスキップ！
シロップ大さじ3
7
それぞれの袋に4を入れて、チャックをとじる
4
4
キウイ
いちご
8
平らにならしたら冷凍庫へ
9
45分ごとにもんで冷やすをくりかえして2時間ほど待ち、固まったら完成！

レベル 1

化学の実験みたいでおもしろい！

2層になっちゃうゼリー

作った日　おうちの人と

年　月　日

作った日　ひとりで

年　月　日

牛乳のたんぱく質がジュースの酸によって分離するのさっ

使う道具

- □ 容器
- □ 計量カップ
- □ 計量スプーン
- □ なべ
- □ おたま
- □ ボウル
- □ ゼリーを入れる容器
- □ バット

材料（カップ6コ分）

果汁100%ジュース・400ml（オレンジ、ぶどうなど酸味のあるもの）

水・50ml

粉ゼラチン・2袋（10g）

さとう・大さじ4

生クリーム・100ml

牛乳・100ml

1
水を入れた容器に ゼラチンをすばやく2袋入れる
水 50ml
ゼラチン 2袋
こんなかんじになります
2
さとう大さじ4
なべにジュースとさとうを入れる
オレンジジュース 400ml
火をつけて中火にし、まぜる
中火
3
ふっとう直前に火を止め、1を入れる
まぜてとかす
4
一度にはかってもいいよ
牛乳と生クリームを (100ml) (100ml) ボウルに入れる
生クリーム
200
100
牛乳
ボウル
5
4に3を入れる
6
5回ほどまぜる
1・2・3・4・5!!
7
おたまで容器に入れて そのまま待つと…
約30分後
ジャーン!!
ココに注目じゃ!
勝手に2層になってる!!
すごーい!
8
2層になってから 冷蔵庫で30分以上 冷やして、できあがり!

レベル 2

少ない油で揚げ焼きに！

皮付きフライドポテト

作った日

おうちの人と

年　月　日

作った日

ひとりで

年　月　日

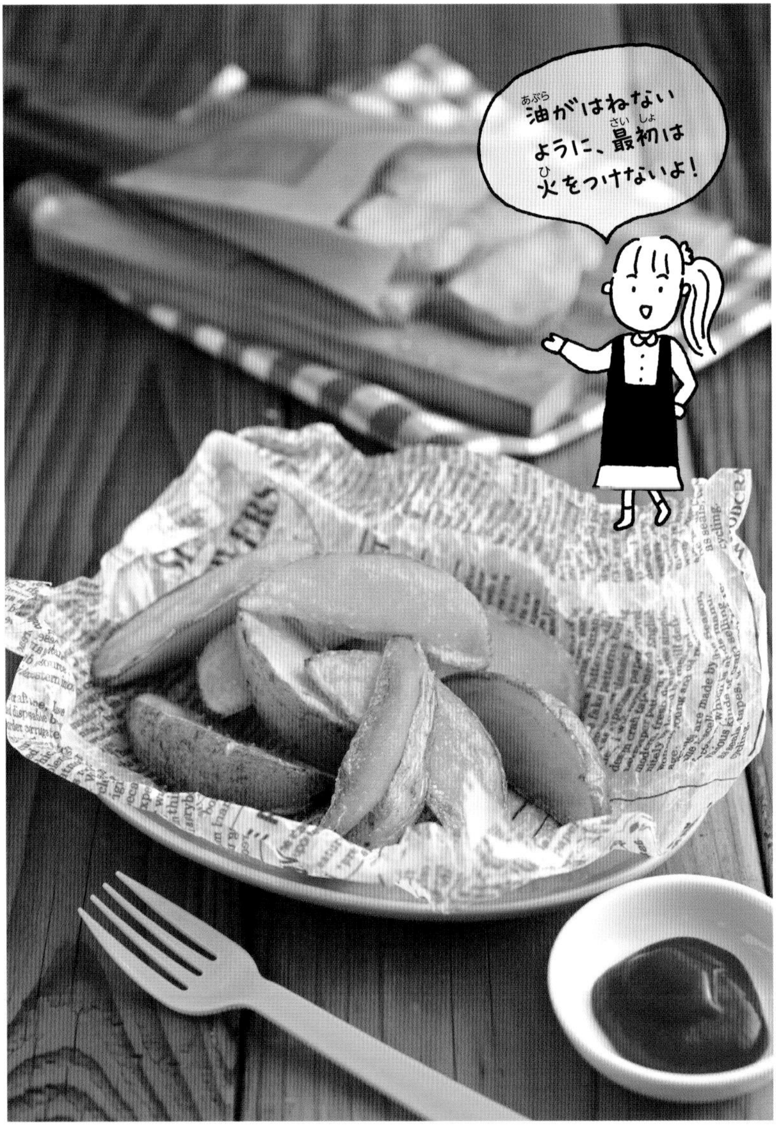
油がはねないように、最初は火をつけないよ！

使う道具

- □ 食品用ラップフィルム
- □ 電子レンジ
- □ まな板
- □ 包丁
- □ フライパン（中）
- □ トングか、さいばし
- □ 揚げものバット

材料（1人分）

- じゃがいも・1コ
- 油・大さじ2
- 塩・少し

お好みで
ケチャップをそえる

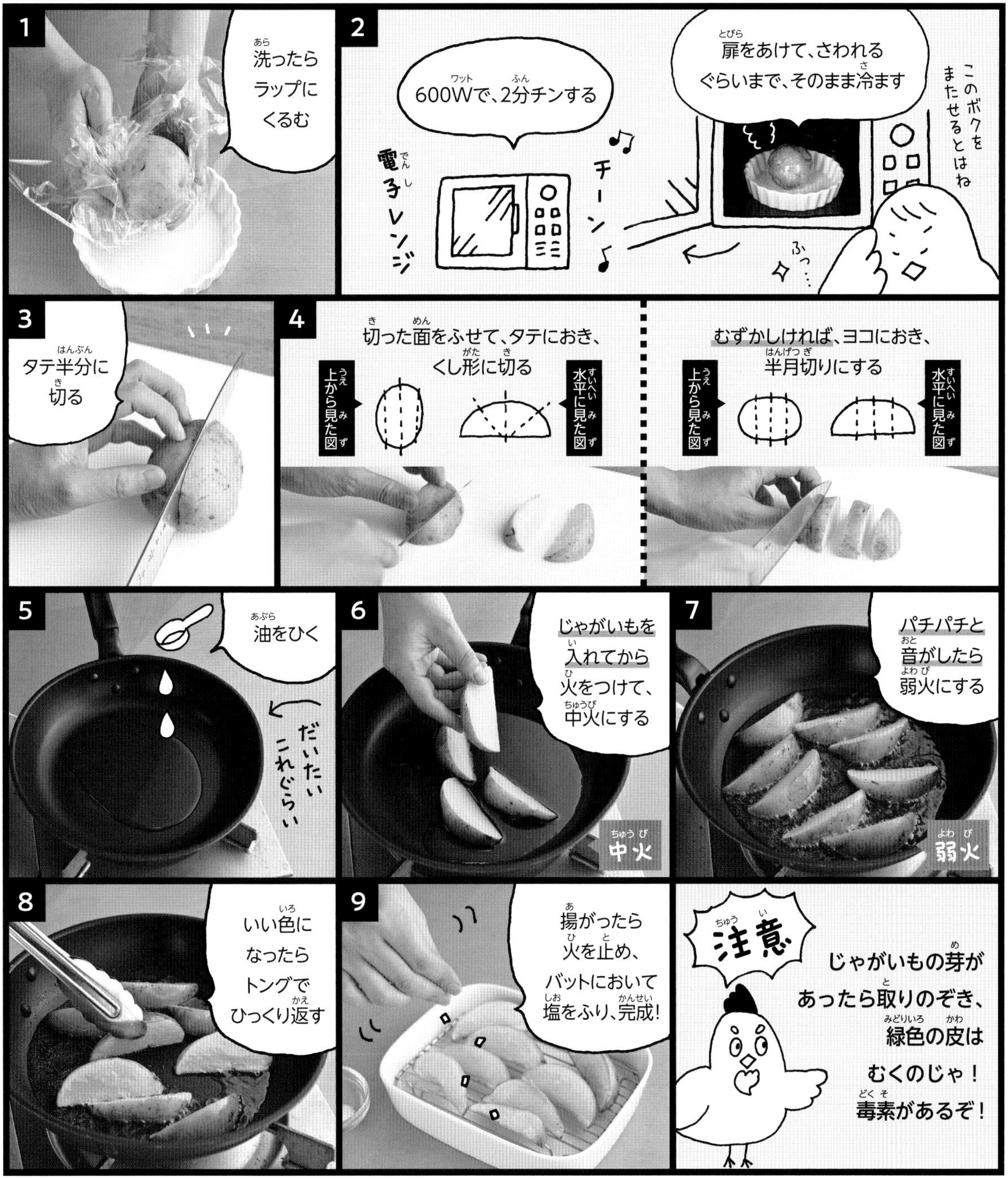
1
洗ったら
ラップに
くるむ
2
600Wで、2分チンする
電子レンジ
チーン
扉をあけて、さわれる
ぐらいまで、そのまま冷ます
このボクを
またせるとはね
ふっ…
3
タテ半分に
切る
4
切った面をふせて、タテにおき、
くし形に切る
上から見た図
水平に見た図
むずかしければ、ヨコにおき、
半月切りにする
上から見た図
水平に見た図
5
油をひく
だいたい
これぐらい
6
じゃがいもを
入れてから
火をつけて、
中火にする
中火
7
パチパチと
音がしたら
弱火にする
弱火
8
いい色に
なったら
トングで
ひっくり返す
9
揚がったら
火を止め、
バットにおいて
塩をふり、完成！
注意
じゃがいもの芽が
あったら取りのぞき、
緑色の皮は
むくのじゃ！
毒素があるぞ！

レベル 2

材料も作り方も超シンプル！

さつまいもぜんざい

おもちじゃない
ぜんざいって、マジ
はじめてなんだけど～

作った日 おうちの人と

年　月　日

作った日 ひとりで

年　月　日

使う道具

- □ まな板
- □ 包丁
- □ ボウル
- □ 計量カップ
- □ なべ
- □ 竹串
- □ おたま

材料（4人分）

さつまいも・1本

ゆであずき・約400g

水・500ml

お好みで塩をふる

1
さつまいもを、輪切りにする
ケガ注意
太い部分は、半月切りにする
かたい場合は上から押して切ると力が入りやすいぞ
両はしはすてる
こんなかんじになります
2
水にさらして、アクをぬく
水はさつまいもがひたるくらい
さつまいもは変色しやすいので切ったらすぐに入れよう
10分後
3
なべに水とさつまいもを入れて、
火をつけ中火にする
水500ml
中火
4
ふつふつわいたら、
弱火にして7〜8分煮る
7〜8分
弱火
5
竹串をさして
スッと通ったら…
ゆであずきを
入れる
ゆであずき約400g
6
さつまいもを
つぶさないようにまぜ、
火を止めて完成!
そっとまぜる
7
お好みで塩を
少しふってもおいしいよ
ぼくはヒマラヤ産の岩塩をかけようかなっ…

レベル **2**

ビスケットのザクザク感がポイント！

チョコレートバー

バレンタインの友チョコにもぴったり！

作った日　おうちの人と

年　月　日

作った日　ひとりで

年　月　日

使う道具

- □ 耐熱ボウル
- □ 電子レンジ
- □ ゴムべら □ 計量カップ
- □ クッキングシート
- □ バット □ キッチンばさみ
- □ まな板
- □ 包丁（パン切り用）

材料（21×17cmのバット1枚分）

板チョコ・4枚

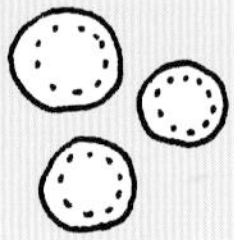

ビスケット・12枚

フルーツグラノーラ・1カップ

200mlの計量カップで山盛り1杯ぐらい

1
板チョコをわる
板チョコ4枚
2
電子レンジで、こげないよう2回に分けてとかす
ラップなしで
600Wで1分チンする
まぜる
もう一度
600Wで1分チンする
まぜる
3
フルーツグラノーラを入れる
1カップ
トッピング用に少しよけておく
4
ビスケットをわり入れる
ビスケット12枚
5
ゴムべらでまぜる
チョコが全体にからむまでまぜるのよ
6
チョキ
はさみで角に切れ込みを入れておくとズレにくいよ
バットは21×17cm使用
シートをしいたバットに入れ、平らにする
7
よけておいた3をのせる
トッピング～
8
冷蔵庫で20分以上冷やし、固まったら完成!
9
パン切り包丁でギコギコ切るとわれにくいよ!
切る
上から見た図
10
われたチョコは紙コップに入れて
袋に入れてタイをねじねじ
完成!
ラッピング～

レベル 3

カップにする？ コーンにする？

アイスクリームマフィン

作った日　おうちの人と

年　月　日

作った日　ひとりで

年　月　日

アイス
みたいな
マフィンって
ことね！

使う道具

- □ ボウル □ 泡立て器
- □ 計量スプーン □ オーブン
- □ スプーンか、おたま
- □ オーブンOKのカップ
- □ 竹串

材料（直径約5cmカップ6コ分）

- たまご・2コ
- 牛乳・大さじ4
- ホットケーキミックス・150g
- さとう・大さじ4
- 油・大さじ4
- かざり・お好みで

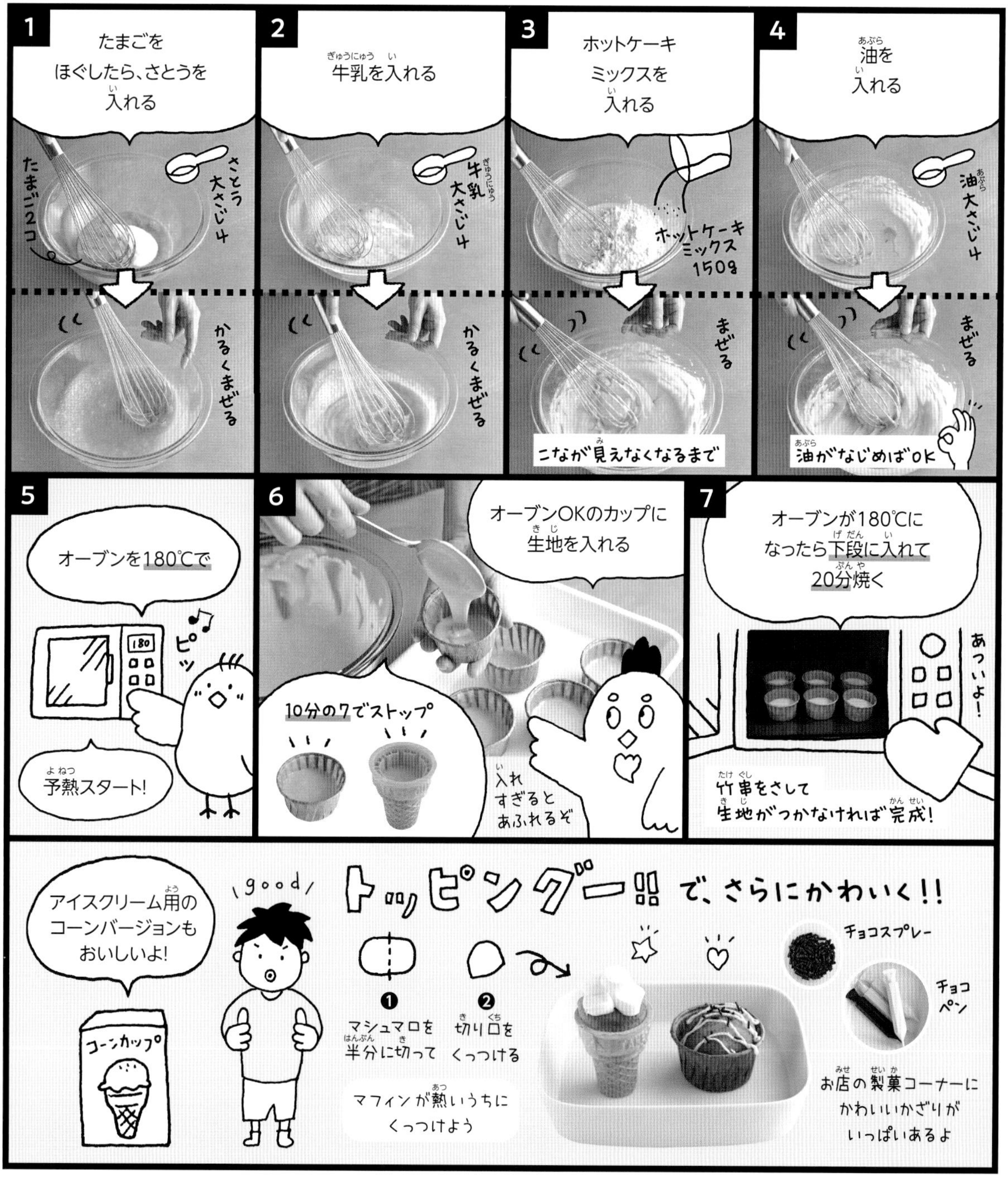
1
たまごを
ほぐしたら、さとうを
入れる
たまご2コ
さとう大さじ4
かるくまぜる
2
牛乳を入れる
牛乳大さじ4
かるくまぜる
3
ホットケーキ
ミックスを
入れる
ホットケーキミックス150g
まぜる
こなが見えなくなるまで
4
油を
入れる
油大さじ4
まぜる
油がなじめばOK
5
オーブンを180℃で
予熱スタート!
180
ピッ
6
オーブンOKのカップに
生地を入れる
10分の7でストップ
入れすぎるとあふれるぞ
7
オーブンが180℃に
なったら下段に入れて
20分焼く
あついよ!
竹串をさして
生地がつかなければ完成!
good
トッピングー!! で、さらにかわいく!!
アイスクリーム用の
コーンバージョンも
おいしいよ!
コーンカップ
❶ マシュマロを半分に切って
❷ 切り口をくっつける
マフィンが熱いうちに
くっつけよう
チョコスプレー
チョコペン
お店の製菓コーナーに
かわいいかざりが
いっぱいあるよ

あとがき

みんな、自分で作った料理の味は、どうだったかの？

世界一！

神レベル!!

100点満点！

ほっほっほっ！みんな見違えるようじゃわい。
そう、まずは料理を楽しむことじゃよ。
楽しんで何度も作るうちに、
難しいなと思っていたことも
いつの間にかできるようになる。
そこでついた自信は、勉強やスポーツなど、
料理以外のことにもつながっていくのじゃ。

自分で「作りたい」と思ったタイミングや、
気持ちを大切にすれば、きっと続けられる。
それが、お母さんやお父さんの助けにもなるはずじゃ。
頼りになるキミの頭上には、
目には見えない王冠が光り輝いておるぞ！

ただいまー
いまごはん
つくるからねっ
バタバタ
パートリーヌ
マンガ
スクッ
キラーン
今日は
ボクが
つくるよ！

保護者のみなさんへ

私がこの本を作ろうと思ったきっかけは、2020年の緊急事態宣言にあります。その時、10歳の息子はすでに1ヵ月近く家の中で過ごしており、ようやく再開! というタイミングでのさらなる休校延長。「このままの過ごし方でいいのか」と、今まで感じたことのない不安にかられました。

せっかく家にいる時間がたっぷりあるのなら、子どもが興味のあることを伸ばそうと思い料理の本を手に取るも、初心者の子どもには、親が説明して手伝ってあげないと難しいものばかり。しかも一緒にキッチンに立つと、手も口も出してしまって、楽しく料理をさせてあげられない。

「子どもひとりでも作れて、なおかつ男の子が手に取りやすい、
料理の本があればなぁ～」

そんな私の心の声から生まれたのが、この本なのです。

とはいっても、この本には包丁や火を使う料理もあります。最初は会話を楽しみながら親子で作っていただき、2回目からは、お子さんご自身で作れるようになってもらえたらと思います。

この本に込めた一番の思いは、料理をきっかけに子どもたちが自立し、成長していくこと。それと同時に、私のように「たまにはお母さん役を交代して～!」と思っている方の、ほんの少しでも手助けになれたなら、これほどうれしいことはありません。

「お母さんが作るより美味しい～」「よっ! わが家のシェフ!」「どんどん上達してるね」
たくさん褒めて、褒めまくって、ちびっこシェフの活躍を見守っていきたいですね!

瀧 知子

インスタグラムに「@bookuuking」をタグ付けし、
「#bookuuking」をつけてお子さんのがんばりを投稿すると

抽選で ＼『ぼくキング』オリジナルグッズをプレゼント!!／

詳しくは
インスタで
発表!
キミのフォローを
まっているよっ…

企画・編集・撮影

瀧知子 たきともこ

1977年、岐阜県生まれのO型。
岐阜の情報誌で編集長を務めた後、ほぼ独学でカメラの道へ。食育のフリーペーパー「ママごはん」をはじめとした紙媒体や企業のウェブサイトの撮影など、東海を中心に「編集もできるフォトグラファー」として活動中。
「やってやれないことはない」をモットーに、“半分”自分たちで建てた平屋で、農家の夫と2人の子どもとともに暮らす。

岐阜県垂井町 裏 観光サイトも 運営してます

放課後ファーマーズ

TARUI MALL

料理・スタイリング **和田万祐**（わだまゆ）

雑誌、ウェブサイト、CM、広告など、幅広い分野で活躍する名古屋市在住のフードコーディネーター。見た目にも「おいしそう」が伝わる、バランスの良いレシピを心がけている。2児の母。

デザイン・イラスト **水野さほこ**（みずの）

グラフィックデザイナー&イラストレーター。デザイン事務所勤務後、名古屋を拠点にフリーで活動中。クリエイティブチーム「ほとりworks」メンバー。1児の母。

栄養コラム監修 **常田知里**（ときたちさと）
(P40〜P43)

抗糖化・抗酸化料理研究家。神戸大学理学部生物学科卒。化粧品メーカー勤務、皮膚科看護師を経て独立しカフェ&料理教室を主宰。現在大学院修士課程在学中。4児の母。

今日からぼくがクッキング

世界一!? 親切かもしれないレシピ本

2021年3月6日　初版第1刷発行
2021年7月4日　第2刷発行

著者　瀧知子
発行　岐阜新聞社
岐阜新聞情報センター出版室
〒500-8822　岐阜市今沢町12
TEL 058-264-1620　FAX 058-264-8301
印刷・製本　ニホン美術印刷株式会社

ISBN 978-4-87797-296-7
Printed in Japan